澤井康佑

一生モノの英語力を身につける たったひとつの学習法

講談社＋α新書

それよりも、学生諸氏にはコトバの律動＝文体を身につけることをして欲しい。無論これは文科系に限ったことではない。一流の科学者が秀でた文体の持ち主であったことを忘れてはならない。

——大堀壽夫（東京大学教授）

はじめに

置かれている立場が違えば、必要な英語力は異なります。また、人と人の間だけでなく、人と学習法の間にも相性の善し悪しはあるようです。よって「万人にとっての理想の英語学習法」など、本来は存在しないはずです。このことをふまえつつも、本書では、すべての日本語話者のためになり、かつ、初級者から中級者、上級者への仲間入りを本気で目指している方々の救いになる学習法を、これ以外にはありえないだろうという強い確信とともに提示します。

執筆の際には四つの点に注意をしました。

一つ目は、具体的な学習法を示すということです。おおまかなアドバイスを示すのではなく、どういった教材をどのように用いるべきかを明示しました。具体的な指南によってこそ、迷える初級者、悩める学習者は救われるのだと考えます。とりわけ重要となる読解力の養成については、学力上昇のプロセスについても詳細に解説しました。

二つ目は、学習法を論じる際には、根本的な問いから話を起こすということです。いきなりどう学ぶかを論じるのではなく「英文が理解できるということは、一体どういうことなのか」「英文を生み出すための条件は、そもそも何なのか」といったレベルから論をスタートさせました。こうすることにより、いっそう確実に話を理解でき、より深く納得できることになります。

三つ目は、学習者の「楽をしたい」「地道な努力から逃げたい」という気持ちや、「ひょっとすると魔法のような学習法があるのではないか」という幻想に付け込むことを厳しく戒《いまし》めたということです。英語という、日本語とは語彙《ごい》も文法も著しく異なる外国語に真正面から向かい合い、冷静にその攻略法を考えた場合、決して安易な学習法は浮かび上がってこないのです。

四つ目は、三つ目とも関連するのですが、正統派にこだわるということです。奇を衒《てら》った言説や軽薄なノリ、大げさなものは徹底的に排除しました。また、極論に走らないよう常に注意を払い、とりあえずは避けるべき学習法やアプローチの良い点については言及し、どの場面、タイミングでどのように活用すればいいかを述べました。

正統派の学習法においては、和紙を重ねていくような堅実な努力が必要とされますが、最も早く確実に、高みに到達できるのもまた正攻法なのです。本書読了後、指示通りに学習を進めていければ、必ずや、いまの状態からは想像もつかないような領域に辿《たど》り着けることを固くお約束します。

本書においてはまた、最大の国民的テーマの一つといえる、「われわれはそもそも、英語という外国語にどう接すればいいのか」という大問題についても考察します。ほとんどすべての日本人が英語を学ぶようになって、約七〇年が経ちます。この間、主に中学校、高校（最近では加えて小学校）において、英語学習にどれくらいの授業時間数を割くべきか、どのような教育を施すべきかについて、多くの討議が重ねられてきました。また、ほぼすべての日本国民が英語を学ばなければならないということ自体についても、多くの賛成意見と反対意見が挙がってきました。本書では、この議論に対する一つの結論を、文章論、文体論と絡《から》めながら、ほぼ誰もが関係してくる話の中で示します。よって、この本は、多少なりとも英語という言葉に興味を抱いているすべての日本人、および日本語を母語とする人を読者対象としています。

さらに、本書では知識体系の性質とその構築法についても論じ、また、各界で活躍されている方々の含蓄ある言葉や、驚くべきエピソード、興味を持ってお読みいただけるだろう話を随所に盛り込みました。そして同時に読書案内にもなるよう、多くの書籍を紹介しました。純粋に読み物としても楽しんだうえで、今後、皆さんがそれぞれの舞台で活躍する際に生かしてくだされば、心から嬉《うれ》しく思います。

数々の優れた著作物に助けられてこの本は完成しました。この点で、私は著者というよりも編著者として、先人諸賢の叡智《えいち》を結集させて一つの書籍にまとめあげたのだといえます。引用元の文をお書きになった皆様、制作に携わった方々に篤《あつ》く御礼を申し上げます。

澤井康佑

◉目次

第一章　なぜ高い文法力が必要なのか

文法ってなんだろう

英語に限らず、外国語を学ぶ際に、文法の習得は決定的に重要なカギとなります。これより文法の大切さを説明していきますが、その前にまず、そもそも文法とは何なのかということをはっきりさせておきましょう。

皆さんは人から「文法って何ですか」と問われたらどのような返答をするでしょうか。少し考えてみてください。意外に答えにくいかもしれません。

「文を組み立てる際に従う規則」などというのも一つの解答になりえますが、より具体的でとてもわかりやすい答えが、左記の引用に示されています。現代の日本を代表する英語学者の一人である、安井稔・東北大学名誉教授（一九二一〜二〇一六年）他による定義です（安井稔、吉富一、中島敏雄、大脇新平　共著『英文法の学習』開拓社より）。

文を作るための「語の並べ方と語の変え方」が文法である。

つまり「単語をどういう順序で組み合わせるか」ということと、「単語をどのような形に変えるか」ということに関するルールが文法なのです。これは英語にも日本語にも、また他の言語にもあてはまる定義です。

文法はなぜ大切なのか

では、この定義をふまえたうえで、次の問題を解いてみてください。

問題
次の文の末尾に「です」または「ます」を加えたうえで、適切な文にせよ。
Q：A　彼女は学生だ。
Q：B　彼女は美しい。
Q：C　彼女の相談を受けるには一万円いる。
Q：D　彼女はいま、学校にいる。

答えはもちろん、次のようになります。

解答
A：A　彼女は学生です。

A：B　彼女は美しいです。
A：C　彼女の相談を受けるには一万円いります。
A：D　彼女はいま、学校にいます。

名詞と形容詞の後ろには「です」を加えます。形容詞にはそのまま「です」を加えますが、名詞の後ろに「だ」がある場合は、これを切ったうえで加えなくてはなりません。動詞の後ろには「ます」を加えます。この際に、動詞は連用形に変えなくてはなりません。A：CとA：Dは、元は同じ「いる」なのに、解答ではそれぞれ「いり」と「い」に分かれます。

この問題から、敬語の「です」「ます」を使いこなす際には、「どのような単語に、どちらの語を加えるか」という規則と、「単語の形をどのように変化させるか」という規則の両方に従っているということがわかります。まさに「語の並べ方」と「語の変え方」という、文法の二つの面に縛《しば》られながら敬語を用いているのです。

ところが母語話者である私たちは、文法を明確には意識していません。これらの問題を解く際に、いちいち「名詞の後ろにある〝だ〟は切らなきゃいけないな。切ったうえで、〝です〟を加えよう。〝美しい〟は形容詞だからそのまま加えてOKだ！」「CとDは動詞だ。だから〝ます〟を加えよう。ただ注意をしなくてはならない。同じ〝いる〟だけど、Cは〝要る〟で、Dは〝居る〟だ。前者の連用形は〝いり〟だが、後者は〝い〟だ。活用のパターンが違うから、間違えないようにしなくちゃ」などということをはっきりと考えてはいないはずです。「名詞／形容詞＋です」「動詞＋ます」という使い分けや、動詞を右のような形に変化させるということは、言われてみればたしかにその通りなのですが、ルールとしてはっきり認識してはいないのです。

われわれは、敬語に関しては、意識しているレベルでは、漠然《ばくぜん》とした「〝です・ます〟を使う、丁寧な言い方」といった程度のイメージしかもっていません。しかし、敬語に関する細かな文法知識を大量に所有しており、これに厳格に従いながら日本語を用いているのです。

何千、何万という語の一つひとつに対して、「です」を加えるべきか、「ます」を加えるべきかを即座に判断できます。誰も間違って、「クジラは哺乳類ます」「今日の午後は、新宿で東氏と打ち合わせをするです」などと言ったりはしません。

また、何百、何千と知っている動詞のすべてを、一瞬にして、ただの一文字も間違えず、正しい形に変化させて「ます」を加えることができます。同じ「きる」でも、「切る」なら「切ります」、「着る」なら「着ます」、同じ「かえる」でも「帰る」なら「帰ります」、「変える」なら「変えます」、同じ「しめる」でも、「閉める」なら「閉めます」、「湿る」なら「湿ります」、「占める」なら「占めます」……。外国人からするとまるで神業のようなことが、いとも容易にできるのです。大量の緻密な文法理論、多くの文法知識が頭の中にあるからです。

もちろん、「敬語」はあくまでも日本語文法の一分野にすぎません。これ以外にも多くのジャンルがあります。そして他の分野においてもやはり、意識下で多くの理論的な知識を抱えています。

この「表面上の意識」と、「深層で実際に持っている知識」の関係を図にすると、次ページのような感じになります。

母語話者が文法の各項目に対して抱いているイメージや感覚は、まさに「氷山の一角」なのです。

では、外国語を母語とする日本語学習者が、私たちと同じように日本語を理解し、使いこなすためにはどうすればいいでしょうか。「イメージを学ぶ」「フィーリングを知る」といったような表面的な学習では、初級レベルで止まってしまいます。われわれが多くの量の、細かい文法規則に従って日本語を用いている以上、当然のことながら、同じだけの量の文法知識を獲得する必要があるのです。

そして、その際には分類・整理という行為が必要になります。大量のものをそのまま記憶

意識しているレベル	漠然としたイメージ・感覚
無意識のレベル	……… 膨大な量の 細かい文法 理論の知識 ………

することは極めて困難だからです。緻密に分け、整理しながら、多量の日本語文法の知識を得てはじめて、日本語を自在に使いこなせる可能性が生じるのです。

そして当然のようにこれと同じことが、私たちの英語学習においてもあてはまります。日本語話者が、英語を誤りなく読み、聴き、書き、話すためには、まず何よりも、「イメージ・感覚」の下にある広く深い世界に目を向け、そこに入り込まなくてはなりません。ネイティブスピーカーが無意識のまま使いこなしている英文法の理論、理屈をあえて意識し、これを丁寧に分類・整理しながら学ばなくてはならないのです。

仮に「ずっと初級のままでよい」「ごく単純な内容の英会話ができることが目標のすべてである」「短い英文のみを学習対象としたい」ということであれば、それほど理論を重視しなくてもいいのですが、確実にレベルを上げていくことを目標とするのであれば、膨大《ぼうだい》な量の文法理論の学習が、絶対といえるほどに不可欠なのです。まず何よりも、この現実を冷静に直視しなくてはなりません。

読者の大半の方々はやはり、いずれは初級を抜け出して中級に進み、いつかは上級者になることを夢見ていることと思います。短い文のやりとり、会話での簡単なコミュニケーションに留まるのではなく、長く複雑な文も含む英字新聞や英書、英文雑誌を読みこなすことに大きな憧《あこが》れを抱いているのではないでしょうか。また職務や研究のうえで、英文契約書や英語の論文、レポートなどの読み書きができなければならないという人も少なくないはずです。このような方は、何としても、緻密な文法理論の学習に打ち込むことが必要になるのです。

なお、このように文法理論を大量に学ぶ必要があるということは、一般の人にのみあてはまることではありません。語学の才能に恵まれた人ですら、高度な英語力を獲得するためには、文法の徹底的な学習を行わなくてはならないのです。このことを、「超人」と呼ぶに相応《ふさわ》しい日本人の英語学習法を知ることにより、確認していくことにしましょう。

超人・井筒俊彦

数年前のこと、ある高名な言語学者と歓談をしていて、幕末以来のすべての日本人の中で、語学の天才ナンバーワンは誰だろう、という話になりました。服部四郎（言語学者、東京大学名誉教授〔一九〇八〜九五年〕）、鈴木孝夫（言語学者、慶應義塾大学名誉教授〔一九二六年〜〕）など何人かの名前が挙がりましたが、「やはり井筒俊彦だろう」という結論になりました。

井筒俊彦（一九一四〜九三年）は、東京・四谷に生まれ、慶應義塾大学経済学部の予科に入学し、本科では文学部英文科に学びました。予科の頃からすでに数多くの外国語を習得し、卒業後は慶大、カナダのマッギル大、イラン王立哲学アカデミーの教授を歴任しました。平凡社の小百科事典『マイペディア』では井筒について、「天才的な語学力を生かした、ギリシア、ユダヤ、イスラムからインド、中国に及ぶ比較思想研究は比類ないスケールをもつ」と記載されていますが、この「比類ないスケール」は、まさに文字通りの意味です。本当に世界史上、誰一人として並び立つ者がいないスケールの大学者であり、今後も彼の規模を凌《しの》ぐ哲人はまず現れないだろうと思われるほどの人です。また、慶應義塾大学出版会のホームページ内の『井筒俊彦』特設サイトでは、井筒の生涯が次のように紹介されています。

井筒俊彦先生は世界の言語に通暁され、東洋と西洋の重要なテクストを創造的に読み込み、東洋哲学の共時的構造の構築と、真の意味での東洋哲学と西洋哲学の対話融合を提唱するという前人未踏の目標に生涯を捧げられた。

では、井筒はいったい何ヵ国語を使いこなしたのでしょうか。彼の近くにいた人たちの証言を聞いてみることにしましょう。

まずは、井筒が終生の友とした国文学者で民俗学者、そして随筆家でもあった池田彌三郎《やさぶろう》（一九一四〜八二年）の言葉を紹介します（池田彌三郎『三田育ち』東邦経済社より）。

……大学生活で一番大事なことは何なのかというと、友達じゃないでしょうか。昭和六年から八年までの予科三年間は、もっぱら友達と遊んでました。その友人達の刺激というのがやっぱり一番大きいようです。一人は今は、もう国宝級の人物になって、テヘランに客員教授で迎えられて行っている井筒俊彦です。三十五、六カ国語を話すことができるという男ですが、日本でよりも世界で有名な人物です。

次に示すのは、弟子の鈴木孝夫氏の言葉です。鈴木氏は雑誌「ＡＥＲＡ」（朝日新聞出版）のインタビュー記事（二〇一〇年六月七日号）で、「今の私があるのは八割以上井筒先生のお蔭です」と語っているのですが、助手時代の修業の様子を、次のように回想しています（鈴木孝夫研究会編『鈴木孝夫の世界　第1集　―ことば・文化・自然―』冨山房インターナショナルより）。

先生についていて、困るのは、ご自身のなかにいろんな言語、三〇くらいの言語のいろんな資料や文学があるものだから「来週はペルシア語のなんとかをつかって講義をするから、おい鈴木、準備しとけよ」といったことを事もなげに言われることでした。来週がペルシア語で、今週はロシア語、その前はギリシア語でというふうに一生かかってもできないような言語を、日替わりメニューみたいに次々とやらなくちゃいけないので、私は大変なわけです。（中略）

そういう状態を何年も続けていると、ついに井筒先生が「通うのは時間が大変だから、うちの台所にベッドを持ち込んで、そこで寝起きして、ご飯は食わせるから、もっと勉強しようよ」と言われたんです。そこで先生の御宅の台所にベッドをいれて、衝立を置きましてね。ご飯時になると奥様が、トントントントンと下りてこられる。「鈴木さん、ご飯の用意、しますよ」と豊子夫人が言われて、そこでこう、まな板を出して支度をされるわけです。その傍らで私がトゥルゲーネフのロシア語の詩だとか、プラトンだとかを一生懸命勉強している。食事が終わると井筒先生が「おい、あれやるよ」とこう言って、そこで教わるんです。月謝もとらないし、金銭的には一切食費から何から何まで丸抱えの状態でした。それを長い間、やってくださったのです。

井筒は老境に至っても、一五ヵ国語ほどは操っていたようです。晩年の井筒に接した、奈良県にある眞言律宗観音寺の田原亮演《りょうえん》住職の回想も参照ください（眞言律宗観音寺HPより）。

語学の力は、天才でした。三十数カ国語ができるとの評判でしたので、このことをお尋ねすると、「ほとんど忘れました。いま使えるのは、英・仏・独・伊・スペイン・ロシア・ギリシャ・ラテン・サンスクリット・パーリ・アラビア・ペルシャ・中国・ヘブライ語ぐらいなものです」と事も無げに言われたのには驚きました。

井筒俊彦の凄《すさ》まじさは、単なる「語学の天才」ではなかったという点です。このモンスター級の言語能力を自由自在に操りながら、司馬遼太郎（一九二三～九六年）の言葉を借りれば、「古今東西の万巻の古典をそれぞれの言語で読み、それをつきあわせつつ、個人や集団がもっている無意識下の深層に入り、その混沌の本質をつかまえ、体系化した」（司馬遼太郎「アラベスク――井筒俊彦氏を悼む」〔『十六の話』中公文庫、所収〕）のです。

ちなみに田原住職は井筒について、「学問を名誉や出世の手段にするという気持は全くなく、ただ学問研究が好きで、そのことにのみ没頭されていました」とも述べています。司馬遼太郎も上掲書の中で、同様のことを次のように述べています（文中の「砂山氏」は、「AERA」誌の編集者です）。

「人に会わないことで有名だった」と砂山氏が書いているが、そのことは、この文字どおり世界的碩《せき》学《がく》の名が、編集者用の手帳の人名欄にのっていないことでもわかる。かろうじて、この人の訳の『コーラン』を文庫版で出している岩波の手帳にのっているが、電話番号の記載はない。

おそらく、人になんぞ会っているいとまが惜しいほどに学問がおもしろかったから、門をほとんどとざしておられたのにちがいない。

およそ学問を出世のてだてにするという功利性がなく、ひたすらに学問が好きだったということで生涯をつらぬかれた。権柄《けんぺい》なところは、みじんもなかった。

このような姿勢だったこともあり、残念ながら井筒俊彦の名は、一般の人にはほとんど知られていない状態です。池田彌三郎が言うように「国宝級の人物」でありながら、日本史の教科書にも記載されていません。ある方が井筒を評して「決して派手な舞台に上がることがなかった、我が民族の誰もが誇っていい大天才」と述べていますが、至言《しげん》でしょう。司馬も、井筒に対しては最大級の賛辞を贈っています。曰《いわ》く、「二十人ぐらいの天才らが一人になっている」「メタフィジカルな思考の世界一の先生」「インドやイスラムをふくむ東西の哲学の全き理解者（おそらく世界の人文科学史上、唯一で最初のひとだろう）」等々。

では彼は、いったいどのようにして外国語をマスターしたのでしょうか。何か特別な秘訣があったのでしょうか。

詩聖・西脇順三郎

江戸時代末期以来の日本の（というよりも世界の）、外国語の天才の筆頭は、間違いなく井筒俊彦だと思われますが、では英語だけに絞って、最も高い英語力を獲得した日本人は誰なのでしょうか。

これに関してはまず、以下をご覧ください。『英語達人列伝　あっぱれ、日本人の英語』（斎藤兆史、中公新書）からの抜粋です。

たしかに文学の理解が言語習得の最高点であることは間違いない。だが、そこに行き着くまでには地道な語学的鍛錬が必要なのだ。

英語学習をゼロから初めて、とりあえず書かれていること、言われていることが理解できる状態になる、というのが最初の大きな目標なのですが、さらに文学作品を楽しめるようになれば、「英語を理解する」というレベルから「英語を味わう」というレベルに上がったのだといえます。これが、非常に高い到達点であることは間違いありません。ただ、これよりさらにはるか上の、極点ともいえる段階があります。それは「自らが英語の文学作品の作り手になる」というレベルです。

これは至難の業です。英語に限らず、外国語で文学作品を生み出すということは、単にその言語が理解できる、味わえるなどという域を超えて、生み出す側にまわったうえで卓抜《たくばつ》なアイディアを得て、これを魅力的な言葉づかいで表現する、ということができなくてはならないからです。

これが外国語に通じた一流の作家にとってすら、いかに難しいことかがよくわかる記述を紹介しましょう。以下は、ともに直木賞作家である藤田宜永《よしなが》、大沢在昌《ありまさ》両氏の対談の一部です（『大沢在昌対談集　エンパラ』光文社より）。

藤田　**パリにいたとき、笠井潔《かさいきよし》と知り合ったんです。彼は本格ミステリーが好きだったんで、いろいろ読みっこして感想を言い合ってたんです。で、そのうち俺はハードボイルド系を読むようになって。**

そういうの読むと、スラングとか覚えるじゃない。フランス人、やくざ言葉使うと喜ぶし。だから、チャンドラーもフランス語版で読んでるんです。フレンチ・ハードボイルドだったらジョバンニ

とか。
大沢　フランス語で書いてやろうとか思わなかった？
藤田　（即座に）思わない、思わない、そんな実力はありません。恐ろしいことです。天に向かって唾を吐く……。

フランスの航空会社エールフランスでの勤務経験があり、フランス文学の翻訳家でもある直木賞作家にしてこの言葉です。外国語で文芸作品を生み出すということが、いかに難しいかがよくわかります。

ところで母語で書くのであれ外国語で書くのであれ、一般に文学作品は、短ければ短いほど、テクニックが必要になるのだといえそうです。短編小説の名手である、直木賞作家の阿《あ》刀《とう》田《だ》高《たかし》氏が、次のような指摘をしています（阿刀田高『短編小説のレシピ』集英社新書より）。

……短編小説には技巧の冴えが欠かせない。絶対の条件とまでは言わないが、短いぶんだけ精緻《せいち》であることが望まれるわけだ。

短いぶん、ごまかしがきかないということなのでしょう。そして詩となると、短編小説よりもさらに短く、いっそうのテクニックが必要となるはずです。

詩は意味が通じればいい、内容が良ければいい、という次元のものではありません。それぞれの単語の意味、内容のみならず、響き、リズムや微妙なニュアンスをも体感し、また、単語と単語が結びついた際に生まれる余韻といったものまでを敏感に感じ取りながら、一つひとつの言葉を丁寧に組み立て、感興《かんきょう》を呼び起こさなくてはなりません。その言語の世界に深く入り込んでいなければ詩は生み出せないのです。ゆえに、外国語で詩を書くことは外国語で小説を書くよりもいっそう難しいことなのです。

見渡せば花も紅葉《もみぢ》もなかりけり浦の苫屋《とまや》の秋の夕暮れ

あかあかと日はつれなくも秋の風

このような短歌や俳句を外国人が作ったとしたら驚嘆しますが、やはりまず間違いなく不可能でしょう。前者の詠み手は歌聖・藤原定家（一一六二〜一二四一年）であり、後者は俳聖・松尾芭蕉（一六四四〜九四年）の作品です。

同様に、英語とはまったく系統が異なる言語を母語とする人が英詩を作り出すのは、極めて難しいことです。この点、次の記述も参考になります（加藤徹『漢文の素養　誰が日本文化をつくったのか？』光文社新書より）。

例えば、さすがの聖徳太子も、漢詩を詠んだという話は伝わっていない。詩は、その民族の魂にふれる文芸である。今日でも、英語を巧みに書く日本人は多いが、英語で詩を書ける日本人は、あまり見かけない。

前述の『英語達人列伝』の中でも、著者の斎藤氏は「普通は英語で詩など書けるものではない」と言い切っています。

このように日本語話者にとっては、単に英詩を書くというだけでもほとんど不可能だと言えるのですが、英語話者を魅了する、最高レベルの作品を生み出すなどといったことは、奇跡とも言えるはずです。

ところがそんな途轍《とてつ》もないことをやってのけた日本人がいるのです。その人物こそ、二〇世紀の詩史に燦然《さんぜん》と輝く巨星・西脇順三郎（一八九四〜一九八二年）です。

西脇は慶應義塾大学理財科（現在の経済学部）在学中から複数の外国語を操り、ラテン語で書いた卒業論文を指導教官だった経済学者の小泉信三（一八八八〜一九六六年）に提出しました。卒業後はオックスフォード大学への留学などを経て、長く母校の教壇に立ちながら活躍し続け、その間、英語の詩作でノーベル文学賞候補にまでなりました。この彼こそが、日本史上最高の英語達人に違いありません。

そして実はこの西脇は、井筒俊彦が「生涯ただひとりの我が師」と仰いだ人物です。超人井筒を敬服せしめることからも、西脇の別格ぶりが窺《うかが》えます。

達人たちの地道な学習法

西脇に心酔していた井筒は、英語の学習法についても彼の教えに従いました。では、それはどういった種類のものだったのでしょうか。そして、どの程度の努力をしたのでしょうか。

これについては、小説家の安岡章太郎（一九二〇〜二〇一三年）との対談で明らかにされています。一般に超現実主義者《シューールレアリスト》とみなされている西脇順三郎の、意外な指導法に驚いたことが語られています（『安岡章太郎15の対話』新潮社より。文中の「字引」とは辞書のことです）。

先生としての西脇さんという方には、これとはまったく違った一面がありました。たとえば、字引をまる暗記しろとか、英文法を徹底的にやれとか、こんなにまじめなことをいうのかと思って、びっ

くりしたことがあるのです。とても西脇先生から出てくるとは思えないような言葉を吐かれる。とくに僕が助手になってからは大変でした。ＣＯＤみたいな字引を全部暗記しろ、覚えた部分の頁は次々に破って捨てちゃえというのです（笑）。
私も語学が好きですから、やれといわれればやるけれども、西脇先生みたいな先生からそういう要求が出てくると思わなかった。もっとシュール的なおもしろい話をやって、おもしろおかしくやればいいのだと思ったんです。それがそうじゃない。じつに厳格そのものなのです。

ちなみに「ＣＯＤ」は『Concise Oxford Dictionary』という英英辞典のことです。
また、次の言葉も参考になります。井筒に関する池田彌三郎の証言です（池田弥三郎『手紙のたのしみ』文春文庫より）。

自分に対して厳しい努力を強《し》いた彼は、友人にも、後輩にも、彼等が彼と等しい努力をすることを要求した。

安岡との対談からわかるように、井筒が取り組んだのは、単純すぎるほどに正統派の学習方法です。言語とは、単語が文法規則によって結びついているものですから、単語習得と文法習得が、言語を学ぶ際の中心となる作業であるということを、改めて思い知らされます。

そしてまた、その努力は実に厳しいものです。辞書を丸暗記するほどの語彙《ごい》習得と、徹底的な文法習得。ちなみにこの文法学習は、オーソドックスなタイプのものです。戦前（一九四五年以前）の日本の教育界においては、現在とは違い、新奇な英語学習法はほぼ皆無でした。そして中学生から大学生、さらに学者に至るまで、文法規則に照らし合わせながら文を緻密に分析し、意味を解読するという作業に取り組んでいました。

戦前の学校での英語教育の様子を、少し眺めてみることにしましょう（渡部《わたなべ》昇一『英文法を撫《な》でる』ＰＨＰ新書より）。

> 夏目漱石が若い頃、熊本高校の英語教師をしていたことがある。そこにはアメリカの大学を卒業しバチュラーの称号を持つ日本人もいたが、学生は不満だったらしい。正確に分析的に英語を教えてくれることができなかったからだ。（中略）そこに夏目金之助という漢学に達し、かつ英語を分析的に読める教師が来たのであった。漱石の英語教師としての人気は大きかった。（中略）
>
> 学校教育の場では、外国語は徹底的分析を経て理解するのが正道とされた。つまり文法的に解明できないで訳すならば、それは「当てずっぽう」とされ、教室では通用しなかった。この関係代名詞の先行詞はどれか、このthatは関係代名詞か、名詞節を作る接続詞か、などなど、文法的に解明でき

ない先生は尊敬されないし、それができない学生は文字通り「できない学生」であり、そういう人の訳したものは、訳ではなかった。これは英語の次に習うドイツ語でもフランス語でも行なわれた。学者がやるだけでなく、すべての旧制中学校・女学校以上で行なわれ大学に至るまで、日夜、ヨーロッパ語の解剖・分析が行なわれてきた。

日本語の文と同様に英文においても、各単語が、膨大な数の文法規則に、極めて厳しく縛られた状態で存在しています。よってまず何よりも英文法理論を徹底的に学び、その知識をもとにして、文を緻密に読み解く演習をひたすら重ねていかなければ、単語どうしの関係、部分と全体の関係が見抜けず、いつまでたっても意味の取れない文だらけのままなのです。

引用文に示されているような戦前の学習法こそが、初級者が確実に中級、上級に向かうための理想的な語学習得のスタイルです。外国語学習の世界では、「古い＝悪い」「古い＝劣る」などといった単純な等式はあてはまりません。総じて言えば、昔の指導法、カリキュラムのほうが優れていたのです。そして右のような正攻法の学習が徹底されたことが大きな原因の一つとなり、また、時代の持つ力とも相俟《あいま》って、戦前の日本ではスケールの大きな英語名人、外国語の達人が数多く生み出されました。もちろん井筒俊彦もそのうちの一人です。

このような井筒の英語学習法を知ると、**天才は頭の構造は特殊ですが、勉強方法は特殊で**

もなんでもない、平凡で地道なものを徹底的に重ねているにすぎないということがよくわかります。またこの事実は、魔法のような英語学習法は存在しないということ、そして膨大な量の努力抜きでの英語習得などありえないということの裏付けにもなっています。

オーソドックスなタイプの文法学習に打ち込むという作業は、高い英語力を獲得した人のほぼ全員が通ってきた道です。多くの人から仰ぎ見られるような英語の達人も、そのような当たり前のプロセスを経てきていて、しかも、一流の英語の使い手になっても、そこで培《つちか》った英文法の知識に頼っているのです。

次の証言も参考にしてください。東京大学名誉教授で翻訳家の柴田元幸氏の言葉です（インターネットサイト　SPACE ALCより）。

僕が英→日翻訳をやる上で大変役に立っているのは、受験生の時にやった英文法の勉強です。あるいは、文法に限らず、辞書を引きながら一行一行丁寧に読んでいく読み方。（中略）もちろん、目だけを使った勉強には限りがあります。ときどきは、耳も、口も使った勉強や練習をするに越したことはありません。でも、こと翻訳に限っていうなら、一番大事なのは、何といっても、一語一句の意味にじっくり取り組みながら読むのをいとわない愚鈍な勤勉さであって、言葉に対するセンスやら何やらではありません。

翻訳という、まさに〝実用英語〟の世界のスターが、〝学校英語〟〝受験英語〟の英文法が「大変役に立っている」と証言しているのです。そして「愚鈍な勤勉さ」こそを、「一番大事な」ものだと言っているのです。奇を衒わない伝統的な文法学習、そしてノーマルな英文和訳の作業を地道に重ねることの大切さがよくわかります。

以上のように、図抜けた素養を持った方々ですら、伝統的な文法体系を徹底的に学び、活用しているわけですから、普通の人が確実に英語力をつけていきたいのであれば、それにも増して、堅実で厳格な学習法を選ばなくてはならないはずです。そして、一層の努力、地道な鍛錬が必要だということも言うまでもありません。

では、この章の最後に本を紹介します。今後、長きにわたって英語学習を進めていく中で、「何か特別な勉強法があるのではないか」というような気持ちになり、ワープのような道を求めてしまいたくなることがあるかもしれません。そのような際には、次の本をお読みください。

『英語達人列伝　あっぱれ、日本人の英語』斎藤兆史（中公新書）

これを読めば、達人の領域に至った人たちですら、地道に主体的に、膨大な量の勉強をしているということがわかります。そして奇跡のような勉強法などどこにもないということも改めて実感できます。

なお、せっかく超人・井筒の話が出てきたので、この機会に彼の主著を知ってください。次のものです。

『意識と本質』井筒俊彦（岩波文庫）

難解な本ですが、有史以来の人類の知の頂点の一つが日本語で書かれているという事実はやはり、日本語を母語とするわれわれが持つ特権の一つであり、「知の恵み」だといえます。

軽く楽に読める本に良さがあるのはもちろんですが、難しい本に何度も挑戦し、自分の成長とともに少しずつ読める部分を増やしていくというのもまた大きな喜びをもたらしてくれるものです。ぜひ「長年（というよりも生涯）かけて攻略に挑む本」として、右の書を皆さんの部屋に迎え入れてもらえればと思います。

ちなみに、本とのこのような関わり方については、次の記述も参考になります。雑誌『諸君！』（文藝春秋）の二〇〇七年一〇月号の特集「私の血となり、肉となった、この三冊」からの引用です。
この特集では一〇八人の「読み巧者《こうしゃ》」が、人生を通しての「ベストの三冊」を紹介しているのですが、外交評論家の岡本行夫氏は、そのうちの一つに『井筒俊彦著作集』（中央公論社。現在は絶版ですが、新たな全集が慶應義塾大学出版会より刊行されています）を挙げ、次のコメントを付しています。

全11巻からなるこの全集の中には、「イスラーム文化」のように分かりやすいものもあるが、多くは『資本論』以上に難解な哲学書である。「世界は意味文節によって現起する。あらゆる事物事象は人間の主体的な意味文節の具体的現われである」（「意味の構造」より）といった文章が並ぶ。しかし、間違いなく稀代の碩学の著作である。世界最高水準の知性である。この全集は、座右においてあって、気力が充実している時には向かう。血となし肉となしたいから、何度でもこの壁に挑戦するのである。

ちなみに司馬遼太郎は、先ほど紹介した「アラベスク――井筒俊彦氏を悼む」の中で次のように述べています。

井筒さんにとって、生涯衰えることのなかった好奇心は、人はなぜ言葉をつかうか、ということであったろう。

さらには、言葉とはなにか、世界の言語はなぜ多様なのか、言語が思想をうむのか、もしくは思想が言語をうむのか、また言語と文明はどのようにかかわるのか、ということに発展したはずである。

英語という外国語を学ぶ際には、単に「英語から日本語に訳せればいい」「日本語を英語に変換して喋《しゃべ》ることができればいい」という意識、目標だけで勉強をするのではなく、右のような「言葉とは何か」「人と言葉と世界はどう関わっているのか」というような視点も常に持つようにしてください。そして時には、それについて記述された書籍にも目を通してください。このような姿勢を持つことの意義については、最後の章で述べます。

なお、この章で二度ほど登場した鈴木孝夫氏も、言葉に関する数々の素晴らしい著作を発表しています。その中でも特筆すべきはやはり、もはや古典となっている次の作品です。

『ことばと文化』鈴木孝夫（岩波新書）

こちらは中学生、高校生の皆さんでも楽しみながら読み通すことができます（難しい箇所は友達と議論したり、親や先生や先輩など、頼れる人に尋ねたりしながら読み進めるのも楽しいものです）。

そして読み終えると、多少なりとも自分が成長したことが感じられ、明るい気持ちになり、勉強全般への意欲も湧《わ》いてきます。英語学習の参考になる話もたくさん含まれているので、ぜひ手にしてみてください。

第二章　英文法の学び方

人は三つのことを考えながら説明をする

第一章で述べた通り、確かな英語力を身につけるには、まず何よりも、膨大な量の文法知識を獲得しなければなりません。ただ、これはとても困難なことです。よって英文法の入門書が、理想的な真の入門書であるためには、「大量の文法知識を無理なく習得させる」という難題をクリアーしなくてはなりません。

これより、「知識の集合体はどのような性質を持つのか」という話と関連づけながら、拙著『一生モノの英文法』（講談社現代新書）、および『一生モノの英文法 COMPLETE』（ベレ出版）を完成させたプロセスについて紹介させていただきます。

さて、そもそも英文法に限らず、他人に何かを理解してもらう際に、説明する側が考え、定めるべきことは、主に次の三つだといえます。

①　説明項目の選定（何を説明するか）
②　説明方法の決定（各項目をどう説明するか）
③　項目配置の確定（各項目をどの順序で置くか）

この三つのことは、皆さんがレポートや論文を書いたり、資料を作る際に、意識していなくとも考えているはずです。今後は逆に、右の内容をあらかじめはっきりと意識したうえでレポート作成、論文書き、資料作り等に臨めば、より効率よく書き上げることができるかもしれません。

さて、アメリカのある言語学者が、少し前に書かれた論文の中で、「英文法研究は長い歴史を持つものであり、代表的な文法書に記載されていない項目は、ほとんど見当たらない」という旨《むね》のことを述べているのですが、まさにその通りで、英文法書を執筆する際に「未発見の文法項目」を見つけるのは、新種の生物を発見するかのような難しさがあります。

つまり、一般向けの英文法書の執筆においては、原則として①の点では取捨選択の問題しか生じず、「新たに何を盛り込むか」という課題はほとんど発生しないわけです。そして、著者は主に②と③の点でオリジナリティを追求することになります。この際、もちろん②の「各項目をどう説明するか」が大切であることは言うまでもないのですが、英文法書に関しては、③の「各項目をどの順序で置くか」という視点も極めて重要です。

ところが、この点への徹底的なこだわりが感じられる文法書は、極めて少ないといえます。これについて具体的に説明していきましょう。

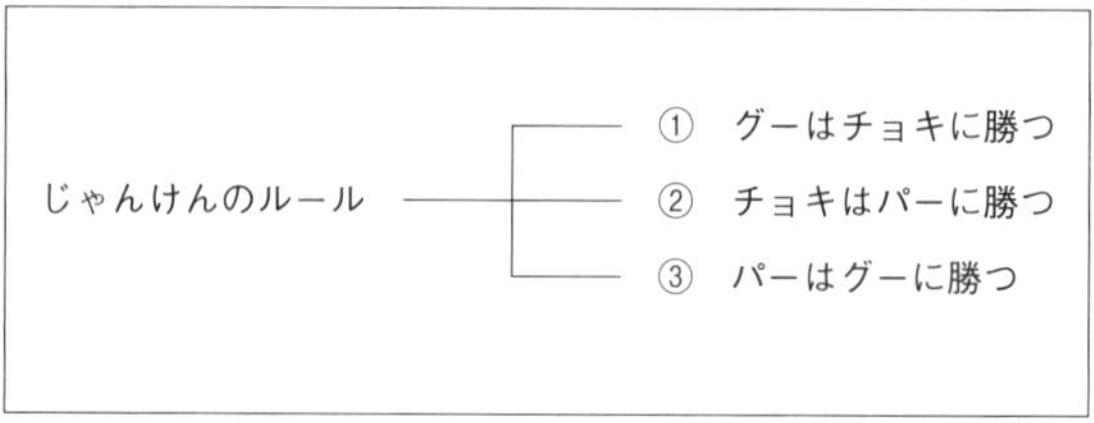

「並列の知識群」と「直列の知識群」

三つ以上の知識がある場合、その知識どうしの関係は三種類に分けて考えることができます。まずは上図を見てください。

じゃんけんのルールは、上の三つの知識から構成されていますが、この三つには「前後関係」はありません。つまり「先にあれを理解しておかないと、これは理解できない」というような関係にはないのです。「じゃんけんの基本はチョキにある」「じゃんけんはパーに始まりパーに終わる」「とにかくグーさえ知っていれば、じゃんけんはどうにかなる」などということはありません。よって、どこから教えてもかまわないのです。①→②→③の順に教えても、②→③→①の順でも、③→②→①でも、理解のしやすさは同じであり、説明の効率も同じです。よって、じゃんけんのルールを説明する人は、「それぞれの知識を、どの順序で配列するのが望ましいのか」ということはいっさい考えないでいいわけです。このような知識の集合を「並列の知識群」と呼びましょう。

次に、以下の三つの等式を見てください。

$2+2=4$

$3\times4=12$

$5^3=125$

それぞれ、「足し算」「掛け算」「指数」の知識です。これらは「並列の知識群」ではありません。「足し算」を理解できてはじめて「掛け算」が理解できます。なぜなら「3×4」というのは「$3+3+3+3$」というように、3を4回足すことと同じだからです。また「掛け算」が理解できてはじめて「指数」が理解できます。5^3（5の3乗）とは、「$5\times5\times5$」という意味だからです。

ということは、この三つの知識を教える際には、必ず「足し算」→「掛け算」→「指数」の順でなくてはならないということになります。仮に小学校一年生の、算数の教科書の一ページ目が「しすうをまなぼう」だったら、先生も生徒も激しく困惑することでしょう。

並列の知識群とは異なり、この三つの知識には「教えるべき正しい順序」があるのです。このような知識の集合を「直列の知識群」と名づけましょう。

次に、以下の三つの漢字を見てください。

木　林　月

この三つを教える際には、どのような順序が望ましいでしょうか。これらは並列の知識群でしょうか、それとも直列の知識群でしょうか。

「木」と「林」は直列の関係にあるといえます。まず「木」を教えて、「これが二つ横に並ぶと林だ」と説明できるからです。

一方、この二つと「月」は直列の関係にはありません。お互いから独立しています。「木」「林」の二つと、「月」は並列の関係にあるのです。この三つの関係は、次ページの図のように表すことができます。

この三つは、「並列かつ直列の関係」にあるのです。よって、他人にこの三つを教える際には、まず「木」↓「林」を教えて、次に「月」を教えます。あるいは、まずは「月」を教えて、次に「木」↓「林」を教えることになります。

このように、三つ以上の要素から成り立っている知識群というのは、次のいずれかの関係にあるのです。

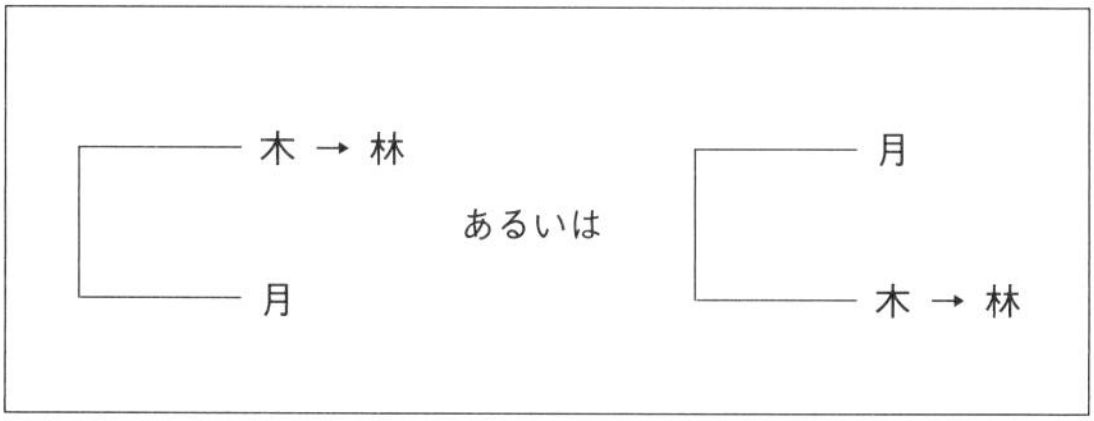

(a)　並列の関係にある。
(b)　直列の関係にある。
(c)　並列かつ直列の関係にある。

知識群を人に説明するには、それが右の(a)～(c)のいずれなのかを見抜き、その関係に応じた説明をすれば、説明の効率が上がり、相手が理解しやすくなり、また、理解の度合いも深まるのです。

英文法の知識群の性質

では英文法の知識群は、(a)～(c)のどれでしょうか。仮に(a)であれば、英文法の各項目は、どの順序で並べてもよいということになります。一方、(b)や(c)であれば、「望ましい配列の仕方」「然《しか》るべき項目の並べ方」があるということになります。

正解は、英文法の項目全体は、(c)の関係にあり、多くの部分が(b)の「直列の関係」にあります。

具体的に説明しましょう。次の三文を見てください。

① The boy is singing on the stage.
（その少年はステージの上で歌っている）
② The boy singing on the stage is Bob.
（ステージの上で歌っている少年はボブだ）
③ The boy who is singing on the stage is Bob.
（ステージの上で歌っている少年はボブだ）

①は進行形の文です。
②の singing は「現在分詞」と呼ばれるもので、ここからはじまるまとまり（下線部）が、前の名詞を修飾しています。
③の who は「関係代名詞」で、これによりまとめられている部分（下線部）の内側に進行形の文があります。
さて②の文は、③の文から who is が省略されたものだと考えることができます。よって②は、③を出発点にして考えれば理解しやすくなるのです。すると、この三文は、①→③→

②の順序で教えるのが望ましいといえます。

次の三例も同じです。

④ This poem was written by Poe.
(この詩はポーによって書かれた)

⑤ This is a poem written by Poe.
(これはポーによって書かれた詩だ)

⑥ This is a poem which was written by Poe.
(これはポーによって書かれた詩だ)

④の文は受動態です。⑥の which は、③の who と同じく関係代名詞です。下線部の内側には受動態の文があります。そして⑤は、⑥から which was が省略された文だと考えることができます。よって、この三つもやはり④→⑥→⑤の順序で教えるべき知識群なのです。

③と⑥の下線部は、関係代名詞によってまとめられたひとかたまりですが、これは「従《じゅう》属節《ぞくせつ》」と呼ばれるものの一種です。従属節の内側には、主語と述語が存在します（③では who と is singing が主語と述語であり、⑥では which と was written が主語と述語です）。

一方、②と⑤の下線部は、ともに「準動詞句」と呼ばれるものです。これは動詞から始まるまとまりであり、内側に主語はありません。

準動詞句には主語がないため、従属節に比べて短いので、その短さにだまされて（?）、ほぼすべての英文法書では「準動詞句→従属節」という順序の構成になっています。ところが右でも示した通り、準動詞句の大半のものは、従属節が元にあり、これが短くなったものだと考えることができます。つまり、この二つは「従属節→準動詞句」という直列の関係にあるのです（なお、これはあくまでも形に着目した場合の話です。歴史的な経緯はまた別の話になります）。

このような関係にあるのに「準動詞句→従属節」で記述するのは適切ではありません。「従属節→準動詞句」の順に置くべきなのです。この二つは、英文法の全項目のうち「両横綱」ともいうべき、最も重要かつ難解な部分なのですが、ほぼすべての文法書では、これが理想的な配列とは正反対になっており、このことが、多くの英語学習者の文法学習を困難なものにする大きな原因の一つになっています。

前述の拙著を執筆する際に何よりも注意したのは、従来の文法書の配列にとらわれることなく、それぞれの文法項目の相互関係を見抜いて、つまり、どことどこが直列関係にあり、どことどこが並列関係にあるのかを見極めて、最も無理なく英文法全体を習得できると思われる順序で各項目を配列したということです。一つひとつの段階を丁寧に追いながら、順序立てて話を進めていきます。こうすることにより、途中でわけがわからなくなって挫折する、ということがなくなります。丁寧に読み進めさえすれば、確実に読了できる文法書となるのです。人によっては、多少、冗長《じょうちょう》に感じられる部分があるかもしれませんが、必要なプロセスを飛ばしたり、前後関係を逆転させた場合に高い可能性で生じる弊害《へいがい》、つまり混乱したり理解できなくなり、学習がそこでストップしてしまうという最悪の事態の発生に比べれば、これは比較にならないほど小さなディメリットであるはずです。

もう一点、徹底的に気をつけたのは、「例文の中に未習の文法項目を入れない」ということです。たとえばDという文法項目を説明するのに用意された例文の中に、その後に扱うEやFやGという項目が含まれていたら、読者はその例文を完全には理解できなくなります。Dという項目のところで示す例文に含むことが許される文法項目は、Dそれ自体と、すでに扱ったA、B、Cのみであるべきです。

これまでに日本で発売されてきた文法書で、一定以上の厚さを持ったもののうち、この点が徹底されたものもほとんどありません。ということは、ほぼすべての厚い文法書は「冒頭から無理なく読める、読み物としての文法書」という性質のものではないということなのです。

たしかに辞書として使うのに素晴らしい英文法書はたくさんあります。日本の「参考書文化」は世界でも類を見ない素晴らしいものですが、それでも、数百ページという厚さを持った文法書で「冒頭から読み進めるのに無理のない順序で各文法項目が配されており、また、未習の項目が含まれていない例文のみで記述されているもの」は、一九世紀に日本英学史が始まって以来、おそらく一冊も生み出されていないようです。そして、その不在を埋めるために制作したのが前掲書なのです。英文法の学習は、まずはこの本から入っていただければ光栄です。

なお、中学一、二年生くらいまでの方、英語に対する苦手意識の強い方、そして、少しでも確実なスタートを切りたい方は、ぜひ次の本から取りかかってください。

『基礎がため 一生モノの英文法 BASIC MP3 CD-ROM付き』

澤井康佑（ベレ出版）

こちらはまったくのゼロから学べるものであり、また、おそらく日本の出版界で初の試みである「ナビゲーション機能」があり、ナビゲーターの音声とともに読み進められるので、これまでの参考書に挫折してきた人でも、必ず最後まで読み通すことができるようになっています。この本で基礎の基礎を固めて、「参考書を一冊読み切った！」という自信と勢いをつけたうえで、前掲の二冊のいずれかに進んでいっていただければと思います。

辞書的な文法書の二つの使い道

前述の通り、辞書的な文法書は、冒頭からの通読には向いていないのですが、二通りの効果的な利用法があります。

一つはもちろん、「辞書としての利用」です。気になったことを調べる際に、とても大きな力になります。冒頭からの通読を前提とした文法書は、どうしても「あれをまだ教えていないから、これはここで出すわけにはいかない」というような制約があり、同じ項目の知識が分散してしまう傾向があります。ところが辞書的なものは、そのような前後関係を考えることなく、それぞれの分野に関連する項目をすべて盛り込むことができるので、学習者が調べ物をする際に、求める情報が確実に見つかる可能性が高いのです。

もう一つの利用法は、「入門書を終えた後に通読をする」というものです。初学者が辞書的な文法書を通読するのは事実上、不可能ですが、ボリュームのある入門書を仕上げた後なら可能です。前掲の『一生モノの英文法』『一生モノの英文法 COMPLETE』は、それぞれ約三〇〇ページ、約四〇〇ページという分量なので、これを終えれば、英文法の主要項目ごとに相当な量の知識が手に入ります。いわば頭の中に「英文法の幹」が出来上がるのです。「幹」さえ手に入れば、その後の英文法学習は格段に楽なもの、楽しいものになります。他の文法書を読んでいても、次のように反応しながら読み進められるのです。

「これは知っている」

「これは項目としては知っているが、このような例は初めて見る」

「これは項目自体が初見だから、特に注意して読もう」

新たに取り組む教材の内容を、すでに知っている知識に関連づけながら吸収できるのです。これは幸せなことです。上掲の入門書を終えた後は、辞書的な英文法書を通読して、文法知識を盤石なものにしてください。

辞書的な文法書は素晴らしい作品がひしめきあっています。どれを通読しても大きな力がつくので、手持ちのものがあれば、それを読み込んでみてください。「高校時代に学校で買ったものの、ほとんど使わずそのまま本棚で眠っていた」というような文法書も、丹念に読み進めることにより、実は優れた作品だということがわかるはずです。

このように、読み込むに値する辞書的な文法書は数多くあるのですが、ここでは特に優れたものの一つとして、次の作品を紹介します。

『表現のための実践ロイヤル英文法』綿貫陽、マーク・ピーターセン 共著（旺文社）

書名に「実践」とあるように、英語を表現することも意識して作られた文法書です。「CD付き」と「CDなし」の二つのバージョンがありますが、リスニング力も強化をする必要のある方は、ぜひ別冊「暗記用例文300」の音声が収録された「CD付き」を選んでください。音声を活用することで、例文がより確実に定着し、「英作文」にも役立ちます。

辞書的な参考書は、「物語性」には欠けるきらいがあるのですが、逆に、「どの章からでも読める」という大きなメリットがあります。理解しやすそうな章、あるいは興味のあるところから順に潰していってください。ジグソーパズルを少しずつ完成させていくような喜びを感じながら取り組めるはずです。

初期の文法学習において、最も大切なことの一つは「量から逃げない」ということです。第一章で確認した通り、英語話者は、膨大な量の文法知識を用いながら英語を駆使《くし》しています。よって、繰り返しになりますが、彼らが書いたり話したりしたものを理解し、また彼らと同じように書いたり話したりするためには、われわれも、ネイティブが深層の部分で持っているのと同じだけの、膨大な量の文法知識を獲得しなくてはなりません。

とにかく英語学習においては、どこかの段階で覚悟を決めて、緻密に分類された文法知識を大量に身につけなければ、普通の人は高みに達することができないのです。これが揺るがしがたい現実なのです。第一章で見た西脇順三郎の発言「英文法を徹底的にやれ」も思い出してください。

しばしば「中学校・高校の六年間も学んだのに英語ができるようにならない」というような声を聞きますが、その主な原因の一つは、「そもそも英語は、日本語話者には極めて難しい言語だ」という当たり前のこと（これについては最終章において、決定的な証言を紹介します）を別にすれば、「戦後の英語教育、特に最近の教育では、緻密な英文法理論を大量に学ぶという教育方針が徹底されていない」という事実にあるといえます。逆に運よく、緻密で重厚な文法学習を中心とするカリキュラムで真正面から取り組むことができた人は、大きな手応えを得ており、英語という攻略困難な城の一角を確実に切り崩しています。

緻密な英文法理論を大量に学べば、粗《あら》い分類で学んだ場合、あるいは感覚頼みで学んだ場合にはまず得られない、深い理解と鋭い分析力が得られます。そしてどんどん自主学習を進められるようになります。まさに「急がばまわれ」なのです。新奇なもの、妙に派手なものに心奪われることなく、理論、理屈を重視した、オーソドックスな文法、伝統文法を大切にして、まずは「入門書↓辞書的な文法書」という流れで、ゆるぎない文法の土台を作ってください。この土台を築いた時点が、飛躍のための出発点となります。

なお、先ほど「戦後の英語教育、特に最近の教育では、緻密な英文法理論を大量に学ぶという教育方針が徹底されていない」ということを指摘しましたが、だからといって「学校英語」の価値が低いなどということは決してありません。中学生、高校生の方は、学校で教わる英語を軽視することなく、目の前にある一つひとつの授業や課題に全力で取り組んでください。必ず充実した日々となり、良い思い出になります。

しばしば「学校の英語は使えない」「受験英語は時代遅れの英語で役に立たない」というような言葉を耳にしますが、事実は正反対です。たしかに「学校英語」には、改善すべき点は少なからずあります。前述の通り、文法学習の比率が低くなりすぎてしまった点などがその一つです。ただそれでも、「学校英語」は王道を大きく外れることなく、オーソドックスな学びを常に提供してくれています。

読者の中には、学校の授業に満足しきれない人もいるかもしれませんが、そういう方こそ、まずは先ほど述べたように「入門書→辞書的な文法書」をこなして、文法の基礎力を養成してください。自分の学力が上がれば上がるほど、何気ない日常の、一見すると何の変哲もない授業や教材が、実は大切な基礎力を作ってくれるありがたいものだということがわかるようになり、いっそう意欲が増し、学習に身が入ります。そしてこれにより、さらに学力も上がります。このような好循環を起こすためにも、とにかく、まずは緻密な文法理論を徹底的に学んでください。

第三章　なぜ高い読解力が必要なのか

四つの技能の基本は読解力

文法の基礎力を固めたら、次に行うべき作業は、何よりも「読解演習」です。「読む」「聴く」「書く」「話す」の四つの技能のうち、「読む」がすべての基本だからです。

読んで理解できないものが聴いてわかるはずなどありません。読む際にはじっくり時間をかけることができ、難しい箇所は何度も読み返して考えることができます。また、手元に辞書があれば単語の意味を調べることもできます。ところが音は一瞬で流れていきます。そして辞書を用いることなどできませんし、文字も見えません。「読んで理解する」よりも「聴いて理解する」ほうが、同じレベルの文に関しては、圧倒的に難しいのです。

そして、聴いて一瞬で理解できるためには、その前提として、読んで一瞬で理解できる能力が必要です。左から右にサッと読める能力は、耳で英文を追って行くための前提の能力なのです。

また、自分が理解できない文を自ら生み出す（「書く」「話す」）ことなど不可能である以上、読解力は、表現力のための前提でもあるのです。

このように、「聴く」「書く」「話す」のすべての根元のところに、「読む」があるのです。

英語学習に関する議論がなされる際に、しばしば「読解」という作業と「会話」を別個のものと考えたうえで話が進められるのですが、右の通り、「読む」と「それ以外」との間に断絶はないのです。読めるからこそ、聴けて、書けて、話せるのです。

よって、中級以上を目指すのであれば、何としてもまずは「辞書さえあればほぼすべての英文を読んで理解できる」という状態を作り出さなくてはなりません。

読解力はすでに十分なのか

では、小学校、中学校で英語を学び始めるほぼすべての日本語話者のうち、高校あるいは大学を卒業するまでに、「辞書さえあればほぼ読んで理解できる」という高みにまで達している人の割合はどれくらいでしょうか。

残念ながら、約五％といったところです。いっしょに学び始めたクラスの四〇人のうち、その後、英語学習に大きな手ごたえをつかめるようになるのは、わずかに二人前後というのが実態なのです。

しばしば、「日本の英語教育では、文法と読解に力をかけすぎているので、読むことはできても話せない」というようなことが指摘されますが、これは現実を大きく見誤った批判です。実際のところは「文法と読解の学習があまりにも不十分なので、読むことができない文が多すぎる。よって聴くこともできないし、書ける文、話せる文も、短いもの、簡単な内容のものに限られてしまっている」という状況です。

このことは、自分の英語力を振り返り、また、周りの人たちを眺めることにより、容易に納得できることと思います。辞書があり、時間をかけさえすれば、英字新聞も英書も英文契約書も、YouTube の英語コメントも英文サイトも、ほぼ自在に読みこなせる、というような人は、あまり(あるいはほとんど)見当たらないはずです。残念ながら、日本の九割以上の英語学習者は、「読めるけど話せない」というような高いレベルからは程遠いところにいます。「そもそも読めない」のです。読解力があまりにも足りないがゆえに、その後の大きな発展のための道が開かれていないまま、停滞してしまっているのです。

現代は高度な読解力が必要な時代

高い読解力は、「聴く」「書く」「話す」を高いレベルで行うための前提の力であるというだけでなく、現代においては、これまで以上に不可欠のものとなっています。

インターネットの登場と普及により、画面から読み取ることによって情報を取得することが多くなりました。また電話連絡の機会は格段に減り、Eメールでのやりとりが普通になりました。多くの人が、ネット上の英文記事や、英語のメールを確実に読めなくてはならないという状況にいるのです。

日本国内だけの事情に目を向けても、やはり英文読解力の必要性は高まっています。少子高齢化が進み、内需の拡大が見込みにくい中で、日本が豊かさを維持するためには、当然のように海外でモノやサービスを売らなくてはなりません。そのためには契約を結ぶことになりますが、その際の、世界の標準言語は言うまでもなく英語です。契約書は短いシンプルな文だけで構成されているものではありません。長く複雑で難解な文を読解する力がなければ契約書は理解できず、ましてや書くこともできません。

「論文の世界」をのぞいてみると……

また現在、世界の学術論文の大半は英語で書かれていますが、これについて、前章でご紹介した『一生モノの英文法』の執筆中（二〇一二年）に、理科系の友人からもらった一通のメールがとても印象的でした。高校時代の同級生であるその友人は、得意科目の数学、理科を武器にして、国立大学の理学部に入学し、大学院では工学を学んだのですが、そのメールでは、研究生活において英語で苦労し、いまでも苦労の連続だということが長々と語られていました。

本人の許可を取りましたので、以下にご紹介します。理系の方には大いに参考になるでしょうし、理系に進もうとしている方、あるいは、理系の人にアドバイスを送る立場にいる方にも役立つ内容であるはずです。

私は大学に入る前には、理系の世界で、こんなに英語が必要で苦労させられるなんて予想もしていませんでした。むしろ、理系だから英語は単なる受験科目と思って、内心やる気は少なかった。知らなかったため、必要性を感じていませんでした。

しかし、大学院生くらいになると重要な教科書は多くの場合に英語。学部四年生や大学院生になった時に、テーマを与えられて最初にするのが、そのテーマに関係する論文を集めて、最先端の状況はどうなっているかを調べる「文献調査」ですが、ほとんど英語論文ばかりです。

「もうわかっていること」や「誰かがすでに論文に書いていること」は「勉強の対象」ですが、「研究の対象」ではありませんので、読んだ論文の参考文献をさかのぼって探して、図書館でコピーして、読んでまたその参考文献をさかのぼるという作業を繰り返してやっと、自分のテーマでまだ判明していないこと、つまり「研究すべきこと」がはっきりします。でも、ほとんど全部英語で、このころの勉強の労力のかなりの部分を、もがきながら英語に使っていました。

勉強するべき基礎的な事項は本（教科書）になり、時間がたてば日本語訳本も出ますが、最先端の内容は英語論文の中にしかありません。物理学科はともかく工学部では、各人のテーマはとても細分化された課題の、非常に細かい一部分の解明をターゲットにすることが多いと思います。そんなものに対して日本語で書かれたものは、国内の研究者の国内学会発表要旨くらいですし、国内研究者も最先端の発表は、だいたい英文の雑誌に投稿します。英語を読まなければならない境遇に置かれている学生は、英米文学科、英語学科を除いて、文系よりも多いのではないかと思います。しかも、英語が好きだとか、得意だという人よりも、嫌いだけど嫌々やっている割合が多い。このような理系の人でもスムーズに英語の世界に入っていける、理想的な入門書の登場を心から待ち望んでいます。

今回（二〇一七年二月）、掲載の許可を得るに当たって、現在の状況についても説明をしてもらいました。

いまは論文もほとんど電子化されていて、電子ジャーナルの購読を契約していればインターネットで読めますし、古い論文もＰＤＦでダウンロードが可能です。もう図書館でコピーはしていません。投稿もインターネット経由です。また、各論文の参考文献をしらみつぶしにするのではなく、論文出版社のサイトで検索するので、キーワードでひっかかるもの、本文内の用語でひっかかるものからアブスト（abstract：要約）や結論を読んで関係ありそうなら全部を読む感じです。

ただ、理系で大手企業に就職する場合に、学部卒の人が多かったのが、修士卒の人が多くなってきている状況（すみませんが、確たる統計データはありません。国立大学工学部での印象です）では、理系の人

が英語を読まなければならない境遇にあるということは、むしろ多くなっているように思います。工学部でも学部生はそうでもないのですが、修士は必ず英文論文との格闘があります。

右の「学部生」というのは、いわゆる「大学生」で、「修士」は「修士課程の大学院生」のことです。

ちなみに理学、工学のみならず、医学、薬学に関してもこれは同じであるようです。最終章では、「医学以外のすべてが日本語で学べる」ということを述べている文を紹介しているのですが、この点について、知人の医学者に実態を尋ねてみました。この学者は京都大学医学部・同大学院で学んだ後にドイツ・マックスプランク研究所と、アメリカ・アルバートアインシュタイン医科大学での留学も経験しており、広い範囲にわたる医学用語の「翻訳事情」に詳しい人物なのです。その彼によると、「医学もおおむね日本語だけで大丈夫。翻訳しきれていない専門用語は、よほどレアなものでない限り存在しないから、医学教育は日本語だけで問題なく行える」ということでした。

しかしその回答には、次のような続きがありました。「ただ、研究は英語なしではありえない。重要な論文はすべて英語。たしかに英語以外の各言語の論文もあるが、価値はほとんどない」。この回答を受けて、「フランス人やドイツ人は、イギリス人に対抗心を持っている人が多いと思う。そういう人でも英語で論文を書くのか」と尋ねたところ、「どんなに対抗心がある人でも、大事な論文はすべて英語で書く。そうでないと国際的に評価されないから」と言います。

研究者の間では有名な話だそうですが、実際に一九七〇年、大澤映二・北海道大学理学部化学第二学科助教授（当時）はフラーレン（fullerene：炭素原子から構成される、球状、チューブ状の構造体の総称）の存在を理論的に予言した論文を日本語のみで発表した結果、一九九六年のノーベル化学賞を逃したそうです（同年の化学賞を受賞したのはフラーレンの発見に貢献した三人のアメリカ人）。

もちろん、必要な情報の多くが英語でしか存在しない、というのは理系の論文に関してだけではありません。文系でも同じです。よって、複雑で難解な文が数多く含まれる英語論文を読みこなせなければ、研究に参加すること自体が不可能になってしまうことが多いのです。

世界の論文、書物は、今後、英語で書かれる割合がいっそう高まるでしょうから、「欲しい情報が英語論文、英書、英文雑誌、あるいは英語のネットサイトの中にしか存在しない」という状況は、いままで以上に当たり前のように起こりえます。ある情報を理解しさえすれば、価値あるものを生み出せるアイディア、技術、能力が自分にあるとしても、英文を読む力がなければ前に進めません。この点からもやはり、高度な読解力の必要性は明らかです。

理想の読解演習法

では、理想的な読解演習法はどのようなものなのでしょうか。これを探っていきましょう。ただ、これについて語る前にまずは「そもそも文が理解できる、読解できるとはどういうことか」について説明します。

文が理解できるためには、主に次の二つの条件が満たされなくてはなりません。

① 単語の意味がわかる。
② 単語どうしの文法関係がわかる。

①は言うまでもないことです。たとえば人から「今日、帰り道ですごいシャンを見た」というメールが来て、「シャン」の意味がわからなければ文全体の意味はわかりません（国語辞典で「シャン」を引いてみてください）。

②の「単語どうしの文法関係がわかる」ということは、具体的に言えば、「これが主語」「これは目的語」「これは修飾語であり、後ろにあるあの語を修飾する」というようなことがわかるということです。また、文中にまとまりを作る語がある場合は、その終点とまとまり

全体のはたらきがわからなくてはなりません。

日本語の実例で説明しましょう。次の二つの文を見てください。

・女性が小さいネコをなでた。
・その星に水があることが明らかになった。

われわれはこれらの文を理解できます。なぜなら最初の文では、「女性」「小さい」「ネコ」「なでた」という各語の意味がわかり、また「女性が」が主語で「なでた」が述語、「小さい」が「ネコ」を修飾し、「ネコを」が目的語だとわかるからです。

仮に「小さい」を「女性」に対する修飾語だと考えてしまったら、あるいは「女性が」が目的語で、「ネコを」が主語だと考えてしまったら、正しく理解できた人とは異なった光景を思い浮かべてしまうことになります。つまり、文が理解できていない、ということになるのです。

二つ目の文を理解する際には、私たちは、文頭から「ことが」までをひとまとまりの主語だと見抜いています。これがわからなければ、この文は正しく理解できません。

このように、単語の意味がわかったうえで、単語どうしの文法関係を正しく摑《つか》んではじめて、文は正しく理解できるのです。

英文読解の話に戻しましょう。英和辞典の使用が許されていることを前提とした場合、①の「単語の意味がわかる」はクリアーできると仮定して、「読解」とは、「与えられた文の文法関係を見抜く」ということとほぼイコールです。つまり、「これが主語」「これは修飾語で、ここを修飾する」「この語はまとまりを作る。まとまりの終点はあの語で、まとまり全体が目的語になる」というようなことを見極めるのが「英文読解」という作業です。

すると読解演習の授業が、理想的にスムーズに進むためには、その前提として、当然のように文法知識が必要になります。しかも文の中に現れてくる可能性のある膨大な量の文法事項の、ほぼすべてが頭に入っていなければなりません。なぜなら、知らない文法規則によって書かれた文は理解ができないからです。アメリカンフットボールのルールを知らない人がアメフトの試合を見ても、わけがわからないのと同じです。

また、集団授業の場合、生徒どうしの文法力が同じでなければ、なかなか理想的な授業にはなりません。これについて具体的に説明します。

Aさん、Bさん、Cさんという三人の受講生を相手にして、「関係副詞」と「分詞構文」の知識を駆使しなくては理解できない文の解説をするとします。

もしAさんに両方の知識がないのなら、「そもそも関係副詞とは何か」「そもそも分詞構文とは何か」というところから話を起こさなくてはなりません。まずは文法事項の説明から入らなくてはならないのです。これは当然のことで、たとえば「この when は関係副詞です。when 節と先行詞が離れていることに注意してください。節の内部には分詞構文が存在していますが、この分詞構文には意味上の主語が加わっています」などと言われても、Aさんは「関係副詞」も「分詞構文」も知らない以上、この解説自体が理解できません。まずは、それぞれがどのようなものかを説明してあげる必要があります。

Bさんは分詞構文の知識だけを持っているのなら、関係副詞についてはゼロから話を起こし、分詞構文については、すぐに読解法の解説、つまり、文中に存在する分詞構文の見抜きかたの話に入ればいいということになります。

Cさんには両方の知識があるのなら、文法の説明が不要となり、読解法の解説だけで十分です。

仮に、文法知識にバラツキのある集団を相手にして読解の授業を行う場合、教える人は「間を取る」という、中途半端な対処法を採用するしかありません。この結果、全員にとってあまり効率の良くない授業になってしまいます。すると、最も無駄のない読解の授業は、やはり個人指導だということになります。

読解演習が理想のものであるためには、他にも満たされるべき条件が二つあります。

一つは、「教える側と教わる側が、同じ文法書を手元に用意してある」ということです。しかも生徒がその文法書を仕上げていなくてはなりません。そして教師は、その文法書のどの部分に、どのような内容が記載されているかを把握していなければなりません。

先に述べた通り、英文解釈という作業の大半は、文中の各語の文法関係を見抜くことです。よって、文構造の解説、読解方法の説明をする際に、教師と受講生が、仕上げてある同じ文法書を持っていれば、次のような解説が可能になります。

「この部分には、この文法書の中の、ここに書いてある知識が埋め込まれている」

「この文では、三つの文法知識が重なりあっているが、全てこの文法書で学んだ内容だから、確認していこう」

つまり、手元にある仕上げた文法書で、常に知識を確認・復習しながら学習を進めることができるのです。

この方法であれば、学ぶ側は「なるほど。たしかにこの部分は、自分が学んだこの知識を用いれば理解できるな」というように、納得しながら学習を進めることができます。また、「この部分は、自分が習った文法知識で書かれているのに、それが見抜けずに文が理解できなかった。次こそは見抜けるように、この文法知識をしっかりと記憶しなおそう」「この箇所は大丈夫だった。この文法書に書いてあるこの知識を使いこなしながら、文全体がきちんと理解できた！」というように、課題を確認したり、成果を味わったりしながら演習を進めることができます。

読解演習が理想的なものであるための、もう一つの条件は「教える側の解説は、徹底的に緻密なものでなくてはならない」ということです。しばしば「細かい部分は気にせずにいろいろな英文に接してみましょう」「文法にとらわれることなく多読をしましょう」というように、粗い学習を推奨《すいしょう》するような言葉が聞かれますが、これは何としても避けるべき姿勢です。細かなところまで一言一句、単語の意味も文法関係も、確実にとらえなければ、文というものは、原則として、正確に理解ができないからです。

このことは、日本語で考えてもわかります。たとえば唱歌『あおげば尊し』の「今こそわかれめ、いざさらば。」という歌詞を聞いて、「わかれめ」を「分かれ目」あるいは「別れ目」と解釈してしまったら、それは意味が取れていないということになります（「め」は名詞ではなく助動詞。意志を表す助動詞「む」が、係り結びの法則により「已然形《いぜん》」となっているもの）。あるいは、文中に存在する否定語を読み落としてしまったら文の意味は正反対になってしまいます。主語と目的語を間違えて読んだ場合は、立場が逆の意味になってしまいます。「細かい部分は気にせずに」と言われたその細かい部分が、文にとって決定的に重要なものであるということも、当然のようにありえるのです。

だからこそ古文の読解の際には、「品詞分解」という名の、緻密な分解法に頼りながら意味を解読します。母語である日本語の、時代がズレた言葉を理解するのでさえ、細かな文法関係の分析が必要なのです。ましてや外国語の意味を正確にとらえるためには、いっそう慎重に読み解かなくてはならないのです。

文を徹底的に分析して読むことの大切さについては、翻訳家で、東進ハイスクールの講師でもある宮崎尊《そん》氏が次のように指摘しています（『メキメキ力がつく受験英語の集中講義』草思社より）。

さきにはっきりしておきたいのが、ほんとうは文の読み方などはひとつしかないということです。「正しく」読む。これにつきます。だいたい読めればいいとか、スピードをあげるためには正確さを多少犠牲にしてもしかたないという人がいますが、それは違います。ぼく自身これまで英語をずっと読んできて感じるのですが、ザッでいいやと思ってスピードだけを意識して読んでいきますと、読みすすむうち、しだいにその文のりんかくがあいまいになってきて、しまいには論旨さえわからなくなっていきます。これではせっかく読んでも時間の無駄だし、だいいち読むよろこびというものがない。（中略）

では、何をもって正しいとするのか？　文の最初から最後まで、一語一句のはたらきと意味がすべ

て正確にメッセージとして、あるいはイメージとして頭のなかに生きることです。

「一語一句のはたらきと意味がすべて」という言葉に着目してください。「はたらき」とは、文法上の機能（主語、目的語、修飾語など）を指します。つまり、単語の意味も文法関係も、すべての語に関して完璧にわからなければならないということです。だからこそ、読解演習は、徹底的に緻密なものでなくてはならないのです。

ただ、個人指導の、共通の文法書を携えたうえでの、緻密な読解演習を受けられる場というのはなかなか見つからないものです。「英会話学校」はたくさんありますが、「英文読解学校」はほとんど見当たりません。今後いっそう多くの人が、英文を読みこなしながら生活をしていかなくてはならない状況にありながら、読解力を養成する場が限られているというのは、日本の英語教育界における最大の問題の一つです。よって少しでも多くの方の救いになるよう、拙ホームページ（http://sawai-kohsuke.com/）では、英文解釈の教本、ビジネス英語の教本を読み込んでいく講座を開設しています。

同じ文法書を利用しながら読み込むので、「受講生間の文法力のバラつき」が問題にならず、効率の良い、理想的な学習ができます。大学受験生、ビジネスで英語を使いこなしたい方、英字新聞や英語論文を読めるようになりたい方など、幅広い層の参加が可能です。文法知識を丁寧に確認しながら、徹底的な解説を施しますので確固たる力がつきます。ゆるぎない読解力をつけたいと本気で願っている方はぜひ利用してみてください。なお、最小限度の経済的負担で済むよう、書籍代のみで参加できるページにしてありますので、その点はご安心ください。

次の項は、最初は飛ばしてもかまわない部分です。もし読んでいて苦しくなったら、いったん飛ばしてください。

読解力の身につく順番

繰り返し述べている通り、中級者、上級者への仲間入りを目指すのであれば、一通りの文法学習を終えた後は、とにかく何よりも「辞書さえあれば、ほぼ全ての英文が読んで理解できる」という状態を作らなくてはならないのですが、ここで、どのようなプロセスを経て、この状態が達成されるのかを大まかに示します。

段階1（最初の状態）
辞書を用いても理解できない英文が大量にある。また、英文法の知識が不十分なので、その英文に対する文法解説も理解できない。

←十分な英文法知識の獲得

段階2（読解演習のスタート地点）

辞書を用いても理解できない英文が大量にある。しかし、英文法の知識が十分にあるので、解説は理解できる。ゆえに読解演習ができる状態にある。ただし、多くの部分に対する解説が必要であり、個々の解説も丁寧なものでなくてはならない。

←読解演習

段階3

辞書を用いても理解できない英文がかなり多い。まだ多くの箇所に対する解説が必要だが、それぞれの部分に対する解説の量は少なくて済むようになる。

←読解演習

段階4
辞書を用いても理解できない英文が少なくなり、文法解説の必要な箇所が少なくなる。また、和訳を見れば、理解できなかった箇所のうち、大半の部分の文法構造を自力で突き止められるようになる。

← 読解演習

段階5
辞書を用いても理解できない英文がほとんどなくなる。和訳すらほぼ不要になる。

以下、それぞれの段階について、より詳しく説明しましょう。

段階1（最初の状態）
辞書を用いても理解できない英文が大量にある。また、英文法の知識が不十分なので、その英文に対する文法解説も理解できない。

これは本格的な英語学習を始める前の段階です。当然、理解できない文だらけです。また、文法知識がないので、「この部分は仮定法です」「これは関係代名詞の what です」などと解説されたとしても、「そもそも仮定法って何だろう」「関係代名詞の what なんて聞いたことないぞ」となり、解説すら理解できません。

この状態を脱するには、英文に挑戦し、解説を理解するために必要となる大量の文法知識を獲得しなくてはなりません。**段階2**に至らないと読解演習には入れないので、まず文法書を読み込み、「読解演習のスタート地点」に立ってください。

段階2（読解演習のスタート地点）
辞書を用いても理解できない英文が大量にある。しかし、英文法の知識が十分にあるので、解説は理解できる。ゆえに読解演習ができる状態にある。ただし、多くの部分に対する解説が必要であり、個々の解説も丁寧なものでなくてはならない。

しっかりとした文法の知識があるからといって、それをすぐに使いこなせるわけではありません。文法を徹底的に学んでも、残念ながら、理解できない英文が大量に残ります。すぐには文法知識を応用できないからです。ところが、豊かな文法知識があるので、解説は理解できるようになります。
ただ、理解できない箇所がたくさんあるので、この段階で用いる読解演習書、あるいは、読解演習の授業は、多くの部分に対する解説が施《ほどこ》されたものでなくてはなりません。そして、解説も丁寧なものでなければなりません。
加えて、既習の文法知識の多くを、いちいち確認する作業が必要になります。たとえば「この部分は、形容詞的用法の to V 句である（to V 句については八二ページで詳述します）。修飾される名詞が、意味上、to V の主語となっている」という解説を受けても、まだ「形容詞的用法の to V 句」をはっきりと記憶しておらず、また「意味上、to V の主語となっている」ということの意味がわからない可能性があります。よって、頻繁に文法書に戻って復習する必要があります。

段階3
辞書を用いても理解できない英文がかなり多い。まだ多くの箇所に対する解説が必要だが、それぞれの部分に対する解説の量は少なくて済むようになる。

演習を進めても、最初のうちは、理解できない部分がなかなか減らないものです。ただ、同じ文法項目に何回もつまずき、何度も文法書に戻るうちに、文法知識が少しずつ定着し、また、その知識を応用する力がついてきます。そして、必要な解説の量は次第に少なくなっていきます。

たとえば、「この部分は形容詞的用法の to V 句である」という解説を見て、「ああそうか。一見しただけではわからなかったけど、たしかに形容詞的用法だな。そして、修飾される名詞が、意味上、to V の目的語となっているパターンだな」というように、解説の一言から、より詳しい内容を、自分で展開していけるようになります。また、文法書に戻る回数も少なくなります。

段階4
辞書を用いても理解できない英文が少なくなり、文法解説の必要な箇所が少なくなる。また、和訳を見れば、理解できなかった箇所のうち、大半の部分の文法構造を自力で突き止められるようになる。

さらに演習を続けると、「理解できない部分を探しながら読む」という、なんとも贅沢《ぜいたく》な姿勢で英文と付き合えるようになります。そして、理解できなかった箇所があったとしても、和訳を見れば自分で文法構造がわかってしまうので、文法解説がほとんど不要になります。これを具体的に説明しましょう。

あるto V句（「to＋原形の動詞」ではじまるまとまり。たとえば、I want to play tennis. という文のto play tennis のようなもの）が、どのようにはたらいているかが不明で、意味が取れない箇所があるとします。そこで和訳を見ます。すると、「このような訳になっているということは、このto V句は形容詞的用法だな。修飾されている名詞と、修飾するto V句が離れているから見抜けなかったけど、たしかにこのto V句は、あの名詞を修飾している」というように、自分で自分に対して解説してあげられるようになります。他人の解説がほぼ不要になるのです。自分が「生徒兼先生」の一人二役になるのです。これは実に気持ちのいい状態です。「自分もついにここまで来たか！」といった感慨が湧きます。

この段階になると、和訳が付いている本であれば、それをそのまま演習書として使えるようになります。いわゆる対訳本（左のページに英文、右のページに和訳が記載されているもの）や、和訳付きの英語のマンガ本などを読解演習の教材として利用できるのです。また、好きな作家の英訳版を手に入れて、これを原文と照らし合わせつつ読解を楽しむ、というようなことまで可能になります。

段階5
辞書を用いても理解できない英文がほとんどなくなる。和訳すらほぼ不要になる。

ここまで来たら、英書、英文雑誌、英字新聞、英語論文を普通に読めるようになります。読解に関しては、上級者の仲間入りを果たした状態になるのです。

リスニングにも必要な読解力

ほとんどの学習者が「読んで理解できれば十分」とは考えていないはずです。やはり「聴いて理解できるようにもなりたい」という願望もお持ちではないでしょうか。前述した通り、左から右に一瞬で読める力は、一瞬にして聴いて理解するための前提なのですが、速く読めるからといって、その速さで聴いて理解できるとはかぎりません。やはり「文字が見えない」というのは、極めて大きな困難を引き起こします。

また書き言葉では、単語と単語がくっついたり、単語の中のアルファベットが消えるなどということはありませんが、音になると、単語どうしがつながって聞こえることも普通です。さらに、単語の一部がほとんど発音されないこともあり、冠詞や短い前置詞などは、ほぼ丸ごと聞こえないことさえあります。

よって、「速く読める」を成し遂げたら（あるいはそれと並行して）、リスニングの訓練をしなければなりません。

理想のリスニング演習の方法は、まずは音声を聞き、何を言っているのかを考え（できれば紙に書き）、英文を見て答え合わせをする、という方法です。読み上げられている英文のスクリプト（script：英文が書かれたもの）が手元にない状態でリスニング演習をしても、ほとんど意味がありません。一言一句をチェックするという、緻密な答え合わせの作業が必要なのです。

さて、答え合わせをする際に、高度な読解力、そして豊かな語彙力があれば、主体的に学ぶことができます。聴き取れなかった箇所、理解できなかった部分に対して、次のように反応できるのです。

「この表現は文字で見れば瞬時に理解できるけど、音になると弱いな。〝文字としての認識〟と〝音としての認識〟に隔《へだ》たりがある表現だ。音としてもとらえられるようになろう」

「この単語とこの単語が隣接すると、こんな音に聞こえるのか。想像もつかないような音になるな。自分で発音してみて、この連なりに慣れよう」

「この表現は、じっくり時間を与えられれば読めるけど、瞬時に理解するのは難しい。読解ですら苦しいのだから、リスニングには対応できない。もっと読解演習を積んで、一瞬で理解できるレベルにまで高めよう！」

　ところが、そもそもの読解力と語彙力がないと、答え合わせの段階で、次のような感想を持つばかりになってしまいます。

「この単語は知らない。知らない単語を音で言われてもわかるわけがない」

「この部分は、辞書を用いても読解できない。たっぷり時間が与えられて、辞書を使って読んでみても理解できない文を、一瞬の音声で理解できるはずがない」

　このような状態でリスニング演習を進めても、楽しくありませんし、大した効果も出ません。豊かな文法知識と高度な読解力、そして強靱《きょうじん》な語彙力、これらが「難しい文、長い文も聴いて理解できる」という力を獲得するための絶対条件なのです。

　では、語彙力はどれくらい、そしてどのように獲得するのが理想なのでしょうか。これについて、次の章で考えていくことにしましょう。

第四章　語彙力をつけるには

単語集の使用に対する二つの立場

英単語をどう覚えるか、という点に関して、いわゆる「単語集」を〝使う派〟と〝使わない派〟の二つに分かれます。

後者は、文法学習、読解演習、リスニング演習、英作文演習、英会話学習などを通じて出会った未知の語を、一つひとつ獲得していくという立場です。このような、「実地訓練の中で覚えていく」という方法こそが血の通った学習法であり、やはり王道であることは間違いないと思います。

ただ、そのような方針で学習を進めた場合、意外な基礎語彙にモレが生じてしまいがちになります。一方、単語集を暗記すると大きな自信につながり、学習に弾みがつきます。やはり、まずは単語集を一冊仕上げるのが望ましいのです。

単語集の選び方

では、どういった種類の単語集を選ぶべきか、ということが問題になりますが、一冊目は、いわば「色のない単語集」を選ぶのが理想です。英語の総語彙数は膨大な数に上りますが、そのうちの数千語は、「誰にとっても必要」といえる、特に重要なものです。

たとえばexperience（名 経験、動 経験する）という語は、高校生にも、TOEIC（トーイック：国際コミュニケーション英語能力テスト）を受ける大学生にも、英語検定を受ける社会人にも皆、等しく必要なものです。初期の単語学習においては、そのような、いわば「最大公約数」ともいえる語彙を集めた単語集を用いて、「英単語の幹」を作るのが先決です。やはり自分の中に「幹」があるのとないのとでは、安心感が違います。

そのうえで、さらに語彙を集中的に強化したければ、たとえば「英検1級対策単語集」「TOEIC単語集」「科学技術者のための単語集」というような専門的なものに進み、枝葉を付けていけばいいのです。ただ、単語集で「英単語の幹」を作ったあとは、別の単語集に進むのではなく、演習の中で語彙を強化していくのも一つの大きな選択肢です。

では、そのような「色のない単語集」、つまりどのレベル、立場の人にとっても大切な語彙が集められた単語集はどのようなものかというと、具体的には大学受験用のものか、もしくは「最大公約数」であることを目指して作られたものです。大学受験用の書籍は「しょせんは受験用」というように、価値の低いものとして考えられがちなのですが、実態は異なります。単語集に限らずいわゆる「学参」は、その学科の肝となる、最も重要な部分をマスターさせてくれるものが非常に多いのです。

次に、どのような方式、構成のものを選ぶかということが問題になります。数十年前までの単語集は、「英単語↓和訳」というシンプルな形式のものが大半でしたが、さすがにこれでは無味乾燥な学習になってしまうので、現在、市販されている単語集の大半のものは、例文が添えられているか、「例文の中で覚える」という方針のものです。

ただ、このようなものは、例文に対してよほどのしっかりとした文法解説が施されていなければ、例文を十分に理解できず、消化不良になってしまいます。現段階で、「例文の一つひとつに対して、徹底的な文法解説がなされた単語集」は見られないようです。ゆえに単語集はどうしても挫折してしまいがちなのです。

そのような問題が生じず、また「英単語↓和訳」という無味乾燥な羅列でもない種類の単語集として、「フレーズ（phrase：言い回し、成句）で覚える」という方針のものがあります。

この種の単語集では、たとえば ignore という語であれば、単に「ignore：動 ～を無視する、黙殺する」と載っているのではなく、また、ignore が含まれた例文が示されているのでもなく、

ignore the Potsdam Declaration（ポツダム宣言を黙殺する）

というように、フレーズが示されています。フレーズなので、読解の困難さはほとんど生

じないわけです。また、一単語だけではないので、無機質な学習になることも避けられます。「単語のみ」と「例文付き」の間をうまく取ったものだといえます。

この方式の単語集は、特に目新しいものではなく、たとえば一九七九年初版の『大学への英単語』（川端一男、研文書院）のようなものをはじめ、これまでにかなりの点数が発行されてきました。良書が多いのですが、その中でも特に次のものを推薦します。

『まるおぼえ英単語２６００（カラー改訂版）』小倉弘（ＫＡＤＯＫＡＷＡ）

この本のカバーの袖《そで》の部分には「ＴＯＥＩＣ」「英検」「大学入試」と記されており、「最大公約数」を意識して作られた作品だということがわかります。

もちろんこの本の他にも、優れた単語集は数多く刊行されています。挑んでみたいものがあれば、それを攻略してください。また学生の方で、学校指定の単語集で単語テストが実施されている場合は、そのテストを徹底的に活用してください。単語集は「必ずこの本でなければならない」などということはないのです。逆に言えば現時点で、単語集に関しては「決定的な一冊」は見当たらないように思われます。いずれにせよ、とにかくまずは単語集を一冊仕上げて、「英単語の幹」を作ってください。

英単語の記憶法

無意味に見えるアルファベットの羅列である英単語というのは、日本語話者にはなかなか記憶できない種類のものです。大半の人にとって、別の分野の知識に関する記憶の作業、たとえば漢字学習よりも、英単語学習のほうが辛《つら》い作業であるはずです。

ではなぜ漢字学習は、英単語学習に比べて取り組みやすいものなのでしょうか。その理由として「意味を納得しながら記憶できることが多い」という点が挙げられます。たとえば「鯖《さば》」は「魚偏に青」なので、「たしかにサバは青魚だな」などと考えながら記憶できます。いわゆる「丸暗記」になるのを避けることができるのです。

すると、英単語を学習する際にも、そこに何らかの理由づけがなされれば、記憶の助けになるはずです。そして、その具体的な手段として、その語の「基本となる意味、中心の意味を知る」ということと、また、これとも関わりますが「語源を知る」ということが挙げられます。

それぞれについて説明しましょう。たとえばyieldという語がありますが、これは「与える」「生み出す」という意味です。またyield toという形では「屈服する」という意味になります。大半の学習者は、これらの意味につながりが感じられないため、三つの意味を覚えることに困難を感じます。しかし、いずれも覚えなくてはなりません。

そこで、次のような解説を受けると、意味どうしがつながり、「なるほど」と納得できます。

「出す」を中核において理解すればよい。yield a profit は「利益を出す」、さらに自動詞 yield to〜の用法は yield *oneself* to〜の *oneself* が省略された形と考え「自分自身を〜に（差し）出す」→「〜に屈服する」と考えることができる。

一つ目に示した意味の「与える」は、「差し出す」ということなので、これも「出す」を元に記憶できます。このように三つの意味は、すべて「出す」を中心に考えていけば、無理なく覚えられるのです。

また、「語源」も大きく記憶に役立ちます。たとえば convention という語には「しきたり、因習」という意味と、「大会」という意味があり、この二つもうまくつながりません。そこで、語源をもとにした次の解説を受けると、二つの関係が納得できます。

event 同様、-vent は「来る」。con-（＝together）がついて「過去から一緒にやってきたもの」→

「しきたり」／「各地から（かつ考え方が同じ人たちが）一緒にやってくるもの」↓「大会」である。

以上はともに、次の作品からの引用です。

『東大の英単語』鬼塚幹彦（教学社）

単語学習の際には、傍《かたわ》らにこれを用意し、覚えにくいと感じた語や、複数の意味がつながらないと感じた語については、この本に記載がないかを調べる習慣をつけてください。なお、この書には、各語に東大の過去問の例文が付されています。その部分には文構造の解説がなく、その点においては中級以上向けなのですが、単語の解説の部分を利用するためだけでも使用する価値が十分にあるものです。

ただ、右の本には初歩のレベルの語は記載されておらず、また、見出し語は七三四語と少なめなので、基本イメージや語源を知りたいと思って引いても、記載されていないということもありえます。そのような場合のために、次の二冊も用意してください。

『英語語義語源辞典』小島義郎、岸暁、増田秀夫、高野嘉明〔編〕（三省堂）

『英語語義イメージ辞典』政村秀實（大修館書店）

「基本イメージ」や「核となる意味」といったようなものは、複雑な英文の構造を分析し、読み解く際にはほとんど助けにならないのですが、単語を記憶する際には大きな力になることが実に多いものです。ぜひ右の二冊も揃えて、納得し、楽しみながら語彙学習を進めてください。

ちなみに、語学の天才だった文豪の森鷗外が、『ヰタ・セクスアリス』の中で、次のように述べています（新潮文庫版より。「術語」は、ここでは「単語」という意味で解釈してください）。

人が術語が覚えにくくて困るというと、僕は可笑《おか》しくてたまらない。何故《なぜ》語原を調べずに、器械的に覚えようとするのだと云いたくなる。

これは裏を返せば、鷗外のような大天才ですら、ヨーロッパ言語の単語を丸暗記するのは簡単ではなかったということです。よって、英単語がすぐには覚えられなくても決して落ち込まないでください。それが普通なのです。語源を調べる、音読する、筆写する、音声を聴くなどの手間を惜しまずに、粘り強く、繰り返し暗記に挑んでください。中級者、上級者も、このような地道な努力を重ねて、多くの語彙を獲得してきたのです。

単語は単語集で、熟語は熟語集で

単語のみならず、熟語に関しても「幹」があれば、やはり確固たる自信につながります。一冊目の英熟語集としては、次のものをお勧めします。

『英熟語ターゲット1000』花本金吾（旺文社）

この本は一九八四年の初版以来、改訂に改訂が重ねられ、二〇一七年現在は第四版です。入試分析データをもとに、徹底的に作り込まれた状態になっています。これを仕上げておけば、遭遇する多くの熟語が既知のものとなり、その後の学習が随分と楽になります。

ちなみに、いくつかの語彙集では「単語と熟語が同時に覚えられる」ということを売りにしていますが、両方を入れると、どこか中途半端になってしまう可能性が生じます。やはり、まずは「単語は単語集で、熟語は熟語集で」というように、分けて学習するほうが望ましいと言えます。

なお、熟語のうちの多くは、go over（調べる、目を通す、復習する、繰り返す）、put up with

（我慢する）といったような、短い単語の集まりである「句動詞（あるいは群動詞）」と呼ばれるものです。句動詞は、それぞれの語からは想像もつかないような意味になるものや、多様な意味を持つものが多く（go overも、右記以外にもいくつかの意味があります）、日本語を母語としている人がこれを理解し、使いこなすのは難しいものです。

句動詞の攻略は、英語習得の大きな関門の一つなのですが、句動詞に関する極めて優れた書籍を紹介します。次のものです。

『動詞を使いこなすための英和活用辞典』
ジャン・マケーレブ＋マケーレブ恒子（朝日出版社）

この作品は読み物として楽しむこともできます。ぜひとも早い段階からこれを入手し、演習の際に句動詞に出会ったら、ここに記載されているかをチェックしてください。そして、引いた句動詞については、可能な限り多くの訳語と例文に目を通すようにしてください。このような作業を繰り返すことにより、句動詞がどんどん自分のものになっていきます。

書けると便利な筆記体

この第四章の最後に、語彙記憶の作業において、筆記体が書けることのメリットについて述べておきます。

英単語は、何度も口に出し、書きながらでなければなかなか定着しないのですが（覚えにくい単語は電子辞書の発音機能も利用してください）、仮にブロック体しか書けないと、書く作業が面倒になり、また、同一の時間で書ける回数も少なくなります。筆記体が書けないという方は、必ず早めにマスターしてください。筆記体をマスターするための本が数多く発売されていますので、一冊入手し、練習を繰り返せば確実に書けるようになります。

第五章　英語を書く、英語を話す

きます。

英語が「書ける」「話せる」とはどういうことか

第三章では、読解力の養成方法とそのプロセスについて述べ、また、リスニング演習の仕方についても触れました。この章では逆に、文を生み出すにはどうすればいいかを論じていきます。

まずは「書く」と「話す」の関係を明らかにしておきます。「書く」はいわゆる「英作文」です。そして、英語で作文したものを口に出せば「話す」になります。「話す」は「書く」の延長線上にあるのです。「英作文」というと、単なるペーパーテストであり、あくまでも机上の勉強にすぎないと思われるかもしれません。そして、生身のネイティブスピーカーと話すという営みこそが、真の英語学習であり「生きた英語」という印象を抱いている人もいるかもしれませんが、これらは別個のものではありません。「英作文」の能力は、直接語りかけてコミュニケーションを行うための大前提なのです。

では、文を生み出せるためには、どのような条件が満たされなくてはならないのでしょうか。必要とされる条件は、主に次の二つです。

① 文の構造を正しく組み立てることができる。

②　そこに適切な単語を埋め込める。

具体例で説明します。私たちは「父が牛乳を飲んだ」という文を、My father drank milk. と英訳することができます。これはなぜでしょうか。

まず、次のことを知っているからです。

英語においては、「名詞1が名詞2を～する［した］」という内容を表現する際には、通常、「が」や「を」に当たる言葉は不要であり、「名詞1＋動詞＋名詞2」という構成の文で表現する。

そして、「父」に相当する英単語は my father、「牛乳」は milk、「飲んだ」は drank だと知っているからこそ、「名詞1＋動詞＋名詞2」という構造の中に、これらの単語を埋め込むことができます。

この二つの条件のうち、片方でも満たされない場合は、正しい文を生み出せません。たとえば、多くの人は「私がその小説を書いたと思う男はボブだ」という文は、英語に訳せないものです（少し、この文を英語でどう表現するかを考えてみてください）。

英訳は次のようになります。

The man who I think wrote the novel is Bob.　※ who は省略可能

多くの人は、このような型の文が思いつかないようです。特に「動詞＋動詞」という連なり（think wrote の部分）を生み出せないのです。

一方、「私はボブがその小説を書いたと思う」であれば、多くの人が次のように英訳できます。

I think that Bob wrote the novel.　※ that は省略可能

この文のような「名詞＋動詞＋ that 節」という構造は、多くの人にとっておなじみのものであり、頭の中に入っているからです。

また、大半の人は「その動物学者は忙しい」という文を英訳できません。「名詞＋ be 動詞＋形容詞」という構成は思い浮かび、その be 動詞と形容詞が、is と busy だということはわかるのですが、「動物学者」を表す zoologist という語を知らないからです。

以上のように、正しく組み立て、かつ、そこに適切な語を埋め込んではじめて、述べたいことが表現できるのです。

英作文の学び方

以上をふまえたうえで、まず「書ける」ようになるためにどのようなことをすればいいかを述べます。次のことを実行してください。

各文法項目の、代表的な例文を暗記する。

たとえば、「目的格の関係代名詞」の知識を用いて文を組み立てなくてはならない場合に、目的格の関係代名詞がどのような形を持つものかが頭に入っていなければ、文は作れません。同様に、「仮定法過去完了」を用いなければ表現できない文は、前もってこの文法項目の文がどのような構造を持つのかを記憶しておく必要があります。「英文を生み出す」という場面においても、文法の知識は決定的に大切なものなのです。

以下の記述も参考にしてください。代々木ゼミナール講師の小倉弘氏の言葉です（『英文表現力を豊かにする　例解　和文英訳教本《文法矯正編》』プレイスより）。

巷には、「日本の英語教育は文法ばかり教えているから生徒が英語嫌いになり、英会話のひとつもできない」という批判があるが、それは「公式ばかり教えているから数学が嫌いになる」と言っているようなもので、ナンセンスとしか言いようがない。「公式を覚えない数学教育」は成果を見るのであろうか。「文法を意識しない英語教育」は、低次元の英会話だけやっている分には可能かもしれないが、英作文という名の付く学習においてはあり得ないことである。文法的なことが間違っている文はすべて誤文、すなわち、そもそも文として認められないのである。文法を意識しない英作文教育などあり得ないということだ。

主要な文法項目のすべてが、文を生み出す際に、いつ必要になるかわからない重要な知識です。よって、文法学習を一通り終えた段階で、文法別の代表的な文が集められた例文集を入手し「和→英」の訓練をしてください。例文集は「必ずこれでなくてはならない」というものは特にありません。なお例文集を用いるのではなく、文法書を読み込みながら、記載されている例文を暗記していく、という方法もありえます。

この「例文暗記」という作業は、表現力養成のために避けて通れない道です。以下の証言も参考にしてください。同時通訳の世界で、長きにわたって第一人者として活躍した國弘正雄（一九三〇～二〇一四年）の著書からの引用です（『英会話・ぜったい・音読　続・挑戦編』講談社インターナショナルより）。

私が中学・高校生の頃は戦争中それに戦後すぐのことだったため、英語を身につけようとしても、学習教材などがそれほど豊富ではありませんでした。そこで、一番身近にあった英語のリーダーや小野圭次郎先生の書かれた英文法や和文英訳の受験参考書の英文を何度も何度も声に出して読んだり、紙に書き写したりしました。

國弘の音読は徹底したもので、同じ文を何百回、何千回と読み、その文を暗記してしまうというものです。後に日本を代表する同時通訳者となる彼の英語力の根本に、「例文の暗記」があったのです。

さて、基本的な英文を覚えたら、あとはひたすら英作文の教本を使って、和文英訳の演習を重ねていきます。あるいは英会話の本を購入し、日本語文を英文に訳していく練習をします。これにより、暗記した例文がいっそう生きた知識になります。つまり「なるほど、自分が暗記したあの例文は、このような内容を表現する場合に有効なのか」というように、一つひとつの例文が「使える知識」に変わっていくのです。

さらに「話せる」に高めるには

英文を生み出す際の目標が、「書ける」だけである場合と、「話すこともできる」である場合では、取り組むべき作業が異なります。書く際には、和英辞典を使うことができます。ところが、話す際にいちいち辞典を引いていたら会話が中断されます。つまり、話す際には和英辞典に頼ることなく、単語を文の中に埋め込んでいかなくてはならないのです。そのためには、前もって自分が話したい内容に関する単語や熟語やフレーズを記憶しておかなくてはなりません。

そのための手段としては、主に二つのものが考えられます。一つは次のものです。

和文英訳の演習の中で出会った未知の語やフレーズを記憶していく。

前項で、英作文や英会話の本を利用して、和文英訳の演習をするように述べました。その中で当然、知らない単語や熟語やフレーズが出てきますが、そのようなものを、一つひとつ確実に記憶していくのです（もちろん、文全体を暗記するのが理想であることは言うまでもありません）。このように「英作文演習＋暗記」を続けることにより、アウトプットできる語彙が少しずつ増えていきます。

より早く語彙を増やしていけるのは次の方法です。

単語集、熟語集を利用して「和↓英」の練習をする。

単語集、熟語集の典型的な利用の仕方は、和訳の部分を隠して、訳せるかをチェックしていくという方法です。ただ、「話せる」ためには、基本レベルの単語集、熟語集に載っている語彙は、英作文で「自分で生み出せるもの」にまでしなくてはなりません。

たとえば、多くの単語集に defect（欠点）という語が掲載されていますが、この言葉は、人と話していて、いつ必要になるかわからない基礎レベルのものです。つまり、「話せる」を目標にするのなら、この語に関しては「英↓和」だけでなく、「和↓英」にも対応できなければなりません。

基礎語彙をまんべんなくアウトプットできる状態にするためには、単語集、熟語集を利用して、「英↓和」のみならず「和↓英」の作業も実行してください。つまり和訳のほうを見て、単語、熟語が言えるかをチェックするのです。

語彙を増やす別の方法も紹介しましょう。次のものです。

常に和英辞典を手の届くところに用意し、マメにこれを引き、引いた語を記憶する。

たとえば道を歩いていてトンボを見たら、「トンボって英語で言えるかな」と考えます。言えなければ、和英辞典を引き、dragonflyと記載されているのを確認します。テレビで遊牧民を見たら「遊牧民」を引いてみます。寝る前に「今度の総選挙はどこの政党が勝つのだろう」と思ったら「総選挙」「政党」を引いてみます。もちろん、引くだけでなく、その場で口に出すなどして記憶に努めます。このように、日常の何気ない場面が、実は英語学習のチャンスなのです。

さて前項で、基本的な英文を覚えた後に英作文演習、英会話演習を行うよう述べましたが、その際に用いる本は、「絶対にこれがよい」というものはありません。

というのも、学習者ごとに表現したい内容が異なるからです。たとえば海外旅行で英語を使うことが英語学習の主な目的であれば、「海外旅行のための英会話」といったものを用いるのが中心となります。接客のための英語を磨きたいのであれば「接客英会話」というような本を用いれば効果的でしょう。また理系の技術者の方で、何よりも科学技術に関するライティング力、会話力を磨きたいのであれば「技術英語表現集」といったようなもので演習をしていくことになります。

ただ、どのような人であれ、文法項目別の基本英文を暗記したあとに、まずは取り組んでほしい本があります。次の二冊です。

『英作文講義の実況中継』大矢復（語学春秋社）

『英文表現力を豊かにする　例解　和文英訳教本《文法矯正編》』小倉弘（プレイス）

いずれの本も、「学んだ文法を、表現する際に誤りなく使えるか」という観点からの記述に満ちています。文法別の例文を記憶した人が、その知識をどう応用すればいいかがわかるのです。「とりあえず暗記している例文」を「使える例文」に転化させるための書だとも言えます。

文法別の例文の暗記を終えたうえでこの二冊をこなし、そのうえで模範解答の暗記という作業（これが決定的に大切です。「理解して終わり」では甘すぎるのです）を終えると、「和英辞書さえあれば、言いたいことの多くが表現できる」という高みにまで達します。必ず大きな自信が得られ、より高いレベルへの意欲が生まれますので、ぜひこの二冊は通過してください。まずは両方を入手し、取り組みやすそうなほうから攻略してください。

読解力があれば表現力もついてくる

この章の最後に、高度な読解力は、実は表現力を確実に向上させるためにも必要だということを述べておきます。

すでに述べた通り、自分が理解、読解できない文は生み出すことができません。表現力の前提として読解力があるのですが、他にもう一つ、高い読解力を養成することが、表現力を磨くための重要なカギとなる理由を述べます。

読解力が高ければ、多くの英文を読むことができます。すると、日々、大量の英文、語彙、フレーズに接することにより、これを取り込み、自分のものにしていくことができます。

具体的に説明しましょう。高度な読解力がある人は、たとえば朝起きて、英字新聞の多くの記事を読むことができます。記事の中には、前の晩にテレビのニュースなどで知った出来事や事件などに関するものがあるはずです。すると、次のように、表現することを意識しながら読むことができます。

「なるほど、あの出来事は、英語ではこんなふうに表現されるんだ。自分でも言えるように覚えよう」

「この書き方はうまいな。自分ならもっとぎこちない文になる。この言い回しは覚えよう」
「この名詞をこのような文脈で使う場合は the が要るのか。自分も忘れずに用いるようにしよう」
「自分ならこの部分は前置詞として of を使うと思うが、この文では on が使われている。on を使えるようにしよう」

このように、読みながらどんどん書く力、話す力を強化していくことができるのです。

先に紹介した國弘正雄も、まさにそのようにして表現力を磨いてきたようです。著書『あるがままの英語こそ最高の「辞書」である』（朝日出版社）の中で、英文を読む際に心がけたほうがいいことの一つとして、次のように述べています。

……いわば英作文的なまなこでじっくりと見つめ、はたして自分ならこのように使いこなせるだろうかという姿勢を持ちつづけることです。英作文は英借文なり、とは教壇英文家として高名だった故伊地知純正（早大）教授の名言ですが、いつも借文を意識しながら読むことで、読解力とともに英語による表現力を確かなものにしていくことができます。

大同時通訳者が「読解」を大切にしてきたことがよくわかります。

次の文も参考にしてください。東京大学の菅原克也教授の『英語と日本語のあいだ』（講談社現代新書）の一節です。

現在の日本の教育体制のもとでは、文法の力、読む力を養うことを先行させておくのが賢明である。まずは、インプットの回路を確保できる力をつけておくべきである。話す力はそのあとでよい。その方が、長い目で見れば話す力も伸びてゆくはずである。

先ほど述べた通り、インプットの回路（高度な読解力）を持っておけば、アウトプットを意識しながら大量の英文に接することができます。英文を取り込む作業が、同時に、英文を生み出す力を養う作業を兼ねることになるのです。「長い目で見れば話す力も伸びてゆく」の根拠の一つはここにあるのです。

第六章　すべてを統合する音読・筆写

英語を学ぶプロセス

ここで、これまでに行うように述べた作業をまとめてみることにしましょう。

① 文法の習得
② 読解演習
③ リスニング演習
④ 英単語、英熟語の暗記
⑤ 文法項目別の例文暗記と英作文演習

このプロセスは、あくまでも、あえて線引きをしたものにすぎません。④に至るまで、一つの単語も記憶しないなどということはありえませんし、また、③に至るまで、英語の音をいっさい聴かない、ということもまず考えられないことです。

また、学習初期の段階から例文暗記を取り入れている人も少なくないので、実際の英語学習では、①〜⑤は混在した状態で進んでいくのですが、このような「重なり」があればあるほど、効率の良い学習だともいえます。つまり、たとえば文法の知識を獲得しながら、同時に単語や熟語を記憶したり、また読解演習で扱った文は、必ずCDを聴いてリスニング力を高めるというようなことをすれば、より早く高い英語力を獲得することになります。

そして、**このような「重なり」を生むための最高の特効薬が、「音読・筆写」なのです。**

たとえば、①の文法学習の際に、何度も例文を音読・筆写することによって、それが④の英単語、英熟語の暗記の作業につながります。②の読解演習で取り組んだ英文を音読することによって、これが③のリスニングの練習にもなります。自分が発話したものであっても、正確な発音によるものであれば、音に対する慣れを作る訓練になるのです。

また、初期の段階から、同じ英文を何十回も何百回も読む癖をつければ、これが英文の暗記につながり、結果として、⑤の作業を先取りして行うことになります。

このように、音読・筆写という作業を早めに習慣化することによって、より上の次元の作業を、前倒しして行うことができるのです。

ひたすら音読と筆写

日本の英語学習において、「音読」を広めるのに最も大きな役割を果たしたのは、他の誰でもなくおそらく、前章で紹介した國弘正雄です。ここで、一〇五ページの引用の続きの部分を見てみることにしましょう。

それ以降も、とにかく徹底的に音読を実行してきました。私の英語の基礎は音読によって培われたのです。

音読は私の習慣になりました。今でも時折通訳をさせられることがありますが、そんな時には必ず前もって、（できたらその分野の）英語の文章を声を出して読むことにしています。野球や剣道で言う「素振り」と同じなのかもしれません。こうすると、自分の中に英語の回路が作られていき、通訳の現場に臨む心と身体の準備が出来上がるのです。国の内外で英語の講演や講義を頼まれることも少なくないのですが、その時も同じです。この年になった今でも音読は怠らないのです。こんな私自身の経験からも、動作記憶に結びつける只管朗読と只管筆写を心からお勧めしたいと思います。

「只管《しかん》朗読」「只管《しかん》筆写」は國弘の造語です（禅の只管打坐を基にしたと思われます）。これは文を何百回も只管《ひたすら》読み、ひたすら書き写すという練習法です。もちろんその文は、単語の意味と文法関係がわかっているものでなくてはなりません。理解できない文を音読したり書き写したりしても、ほとんど意味がないからです。

数々の華やかな舞台で活躍した同時通訳者の、強靱な英語力の土台を作ったものは、ネイティブスピーカーとの直接のコミュニケーションではなく、実は、伝統的なリーディングの教材、受験参考書、文法書を音読・筆写するという、ごく平凡な作業に他ならないのだということがわかります。そして第一人者となった後でも音読を続けたのです。初学者ならなおさら、そのような泥臭いプロセスを大切にしなくてはならないということは、言うまでもありません。

夢も希望も持てる世界

もし、根底からの偽りない英語力をつけるためには、「必ず留学しなくてはならない」「多額の費用がかかる」というのなら、多くの人が、理想の英語学習に進んでいけないことになります。

ところが、先ほどまとめた①～⑤の作業は、ほぼどんな場所でも実行することができ、また、多額の費用がかかるわけでもありません。この点において、数々の優れた英語学習書が、手ごろな価格で入手できる日本の英語学習者は、非常に恵まれた状況にいるのです。

さて、上級を目指すのであれば、いずれは英語に対する微妙な感覚を磨き、英語に対する直感力を身につけていかなくてはなりません。そうでなければ、表現に困るケースも生じます。たとえば冠詞や前置詞の使い分け、あるいは副詞を置く位置などは、理論ではうまく解決、説明しきれない部分も多く、上級者は、身につけた直感に頼って多くを使い分けています。

仮に、そのような直感力を身につけることができるかどうかが、先天的なものだけによって決まるのなら、天賦《てんぷ》の才に恵まれていない人は、どんなに学習しても高い英語力が獲得できないということになります。ところが嬉しいことに、そのような感覚は、努力次第でどんどん研ぎ澄まされていくのです。

意味を理解した英文を、内容を考えながら、感情を込めて、気合を入れて、何十回、何百回も音読し、書き写すことにより、確実に英語のセンスが身についていき、恐れのようなものが少しずつ氷解していきます。先の引用でも、「こうすると、自分の中に英語の回路が作られていき、通訳の現場に臨む心と身体の準備が出来上がるのです」と述べられていますが、「同時通訳の神様」とも呼ばれた國弘正雄でさえも、音読・筆写という、実に平凡で単純な作業に頼り、英語の感覚を磨いているということがわかります。

これは英語学習者にとって救いといえる事実です。もし「私は生まれつき、英語のセンスが鋭かったのです。ゆえに同時通訳者になれました。英語学習というのは、結局は才能です」などと言われたら、あるいは「私は中学一年生の一学期から、英語に対して強烈な愛着を感じ、気がついたら翻訳家になっていました。英語力がつくかどうかは、ひとえに向き・不向きの問題です。向かない人は、何をやってもダメなのです」などと言われたら、夢も希望もありません。

ところが、硬派で骨太な文法学習をふまえたうえで、膨大な量の読解演習をこなし、その過程で常に大量の音読・筆写を行えば、確実に英語に対する感覚が磨かれ、英語力がついていくのです。

このような喜ばしい事実があるのですから、あとは正しい道筋に沿って努力あるのみ、ということになります。

音読は脳にもいいらしい

この章の最後に、音読に関する、ある医学者の証言も聞いてみることにしましょう。発言者は日本における「ブレインイメージング研究」の第一人者である、東北大学の川島隆太教授です（『「音読」すれば頭がよくなる』たちばな出版より）。

脳の中を覗いてみるブレインイメージング研究を行うことで、音読には素晴らしい効果があることを突き止めた。

さらに、英語教育が広範な脳活動を促し、とりわけ、「英語音読」に著しい脳の活性化が認められた。つまり、外国語の音読が脳活動に効用があるということなのだが、本章では英語学習にかぎって

話を進めていきたい。
脳の活性化は脳を鍛え育てることであり、鍛えられた脳は記憶力や集中力などの学習能力を上昇させる。
すなわち、英語音読が学習能力を高めるのに大きな威力を発揮するのである。

学習効果が上がり、脳の活性化、学習能力向上にも寄与する音読を、英語学習に取り入れない理由はありません。本気で中級者、上級者への仲間入りを目指すのであれば、毎日、最低でも二〇分の音読を日課にしてください。また、筆写もたくさん実行してください。特に、構造が難しいと思った文は、音読と筆写を繰り返し、文を丸ごと覚える癖をつけるようにしましょう。このような地道な作業を継続すると必ず報われるものです。

なお、英語学習全般が脳の働きを活発にさせるという事実は、英語学習というものは、高齢者の方の生涯学習の対象としても相応《ふさわ》しいものだといえる根拠になるはずです。英語の世界から遠く隔たっている方々も、これを機に、意を決して始めてみていただければ嬉しく思います。

第七章　辞書活用術

紙の辞書は素晴らしい

辞書なしでの外国語学習はまず考えられません。第五章でも、常に和英辞典を手の届くところに置くようお勧めしました。学習者にとって、辞書をいかに使うかということは大きなテーマとなります。この章では、これについて述べていくことにしましょう。

まずは英和辞典に関して、何としても行ってほしい作業についてお話しします。その作業とは、次のものです。

「中辞典」に色鉛筆でチェックを入れていく。

英和辞典は、おおざっぱに、「大辞典」と「中辞典」と「小辞典」に分けられます。すべての学習者が、すぐに分厚い大辞典を所有する必要はないのですが、ぜひ中辞典は入手してください。書名に「中辞典」とあるもののうち、代表的なものを挙げます。

『旺文社英和中辞典』（旺文社）
『新英和中辞典』（研究社）

『プログレッシブ英和中辞典』（小学館）

いずれも素晴らしいものなので、書店で見比べて、最も相性が良さそうなものを選んでください。

現在、大半の人が電子辞書を使っていることと思います。電子辞書には「簡単に引ける」「軽い」「かさばらない」「発音機能がある」などのメリットがありますが、一方でマイナスの点もあります。そのうちの主なものが、「全体を見渡すことが難しい」という点と、「引いたものを色鉛筆でチェックすることができない」という点です。それぞれについて具体的に説明します。

get や make など、多くの意味を持つ動詞は、記述の量が多いのですが、このようなものは、電子辞書では少しずつスクロールさせて見なくてはなりません。ところが紙の辞書の場合は、全体を見渡すことができるので、自分の求めている意味が探しやすくなります。

それ以上の決定的なディメリットは、ペンによるチェックができないという点です。紙の辞書であれば、引いた単語に色鉛筆などでチェックをすることができます。すると、二度目に引いた時に「なんだ。過去に引いているじゃないか」となり、「今度こそは、覚えよう！」といった感情とともに学習を進めることができます（なお、同じ単語を二回以上引いた場合は、単語の横のスペースに「正」の字を入れていってください。これにより、引いた回数も記録できます)。

マーカー機能が付いた電子辞書もありますが、何らかの理由でデータが消える恐れもありますし、また、電子辞書は外出先で使うこともあるでしょうから、紛失する可能性もあります。そのようなことが起こった場合は、過去のせっかくの履歴がすべて失われてしまいます。また、手に色鉛筆を持って実際に紙に塗るという作業を行ったほうが、自分が過去に引いた単語の歴史を、よりわかりやすい形で記録することができます。やはりぜひ、紙の辞書への書き込みを行ってください。

この作業を続ければ、数年もすると、相当の数の単語にチェックが入っていることになります。このような「財産」がたまっていくのは、たまらなく嬉しいものです。そして辞書をパラパラ見ながら、「自分はこんなにも多くの単語を引いてきたのか。ずいぶん勉強したんだなぁ」というような幸せな感慨に浸ることができます。

チェックの付いた単語を拾い読みするのも楽しいものです。「たしかに、この単語は先月チェックしたな」「この単語、チェックが入っているけど、すっかり忘れてる。覚えなおそう」というような感想とともに、「辞書を読む」ということを楽しめます。

電子辞書を引いた後に、改めて紙の中辞典を引くことにも大きなメリットがあります。大半の電子辞書には『ジーニアス英和辞典』(大修館書店)が収録されていますが、この辞典と、先に挙げた三冊の辞典では、訳語も例文も全く同じではありません。辞書ごとに、記載されている内容は少しずつズレるのです。それを見比べると大いに勉強になります。また、見比べてみて、紙の辞書の訳語や例文のほうが自分にとってしっくりくるものだった、というようなことも当然のようにありえます。このような場合は、紙の辞書を引いたことがいっそう生きてきます。

紙の辞書を使い込むことの素晴らしさについては、以下の引用も参考にしてください。『インプット重視の英語学習法　私の英語道追求記』（福澤健一、文芸社）の中の、「辞書引き魔」と題された部分です。

英語の勉強の本格的始動とともに、どんな些細なことでも辞書を引くように心掛けました。当時、電子辞書はなく、すべて紙ベースの辞書でしたので、引いた単語の見出しには赤鉛筆で線を引き、訳語やその例文、熟語や慣用表現にもどんどん赤線を引きました。
赤線を引くと、その単語を2度目に引いたときに、「前回調べてあるのに、まだ覚えていない。まだまだだな～」と自分を戒《いまし》めるきっかけになります。大学の過去問や模試の復習をやっているときに引いた単語には、その横に〝早〟〝模〟と書いて、〝早稲田の英文に出てきた〟〝模試で出題された〟とわかるようにして、暗記のきっかけに役立てていました。

高校1年次に使っていたのは、研究社『ライトハウス英和辞典』です。1年の3学期に副読本としてヘレン・ケラーの自叙伝が与えられ、辞書と首っ引きで読破したのはいい思い出です。

そのときに引きすぎたために辞書が傷んでしまい、また、もう少しレベルの高い語彙が収録されているものが必要だと感じたため、高校2年次からは研究社『新英和中辞典』に切り替えました。

その後はさらに辞書引きに拍車がかかり、早稲田大学に合格した時点で赤線の引いていないページはなく、表紙も取れてしまいボロボロになっていました。

先ほど挙げた三冊の中辞典は、レベルが高いので一生使えます。今後、何十年もかけて、自分の辞書にチェックが増えていくのを楽しみにしながら英語学習を進めてください。

その三冊は、最初の頃は「大人っぽい辞典だな。ちょっと、とっつきにくいな」と感じるかもしれませんが、学力が上がるほどに慣れていき、辞書の格の高さに自分が追い付いてきます。このような変化は実に嬉しいものです。だんだんワサビのおいしさがわかるようになったり、大人になってウィスキーが味わえるようになったりするような感じです。

できれば毎日、あるいは数日に一回、電子辞書を取り出し、自分の引いた単語を履歴ボタンで呼び出して、その単語を中辞典で引いてください。そして、電子辞書の記述と見比べながら、色鉛筆でチェックを入れることを習慣にしてください。この作業を行わないと、相当の勉強を重ねたとしても、自分がどの程度の数の英単語と関わってきたのかということに関する明確な記録が残らなくなってしまいます。それでは、もったいないことこの上ないのです。必ず実行してください。

色鉛筆の色は一年ごと、あるいは半年ごと、あるいは学生さんは、学期ごとに変えるようにしてください。そして、どの時期にどの色の鉛筆を使ったかについての記録を残してください。こうすれば、「この単語は三年前にチェックしてある！」「この単語は二年生の三学期に引いたんだな」ということがわかり、いっそう楽しく辞書と付き合うことができます。また、「次は何色にしようかな」などと考えるのも楽しいものです。勉強の喜びは、こういったところにもあるのです。

なお、九七ページで『動詞を使いこなすための英和活用辞典』を紹介しましたが、この辞典にも、同じように色鉛筆でチェックを入れていってください。

最も親切な英和辞典

前述のように大半の電子辞典には、『ジーニアス英和辞典』が収録されていますが、このレベル、タイプの英和辞典には、他にも素晴らしい作品がたくさんあります。『オーレックス英和辞典』(旺文社)、『ウィズダム英和辞典』(三省堂)、『グランドセンチュリー英和辞典』

（三省堂）、『コアレックス英和辞典』（旺文社）、『スーパー・アンカー英和辞典』（学研プラス）、『フェイバリット英和辞典』（東京書籍）、『ライトハウス英和辞典』（研究社）、『ルミナス英和辞典』（研究社）などなど、綺羅《きら》星のごとき良書が揃っています。

ただ、いま紹介した辞典はいずれも、英語を習い始めて間もない人にとってはやや難しいものです。習いたての人には次の辞典を強くお薦めします。

『プログレッシブ中学英和辞典』（小学館）

この辞典は、実にきめこまかな作りになっています。特に次の二点で優れています。

① 他の辞典では「言うまでもない当たり前のこと」として割愛《かつあい》されているものの、初級者には必要となる情報が盛り込まれている。

② 囲みのコラムが充実しており、他の辞典では手に入らない「プラスアルファの知識」が手に入る。

辞書には、単語の意味のみならず、多くの情報が記載されています。たとえば動詞に関しては、例外的な変化形が記載されています。つまり、その動詞の現在形、過去形、過去分詞、ing形が例外的な形になる場合は、その形が記されているのです。

具体例で説明します。たとえば動詞rise（上がる）は、過去形と過去分詞とing形が、原則から外れた形になります。よって、英和辞典でriseを引くと、次の三つの形が示されています。

rose（過去形）
risen（過去分詞）
rising（*ing*形　※原則通りの*riseing*ではないので、これも例外的な形です）

このような表記があるため、動詞の形が正確にわかり、学習者は助けられます。ただ、初学者にとっていっそうありがたいのは、例外的な形であろうとそうでなかろうと、可能なかぎり多くの動詞について、現在形、過去形、過去分詞、ing形が記載されている辞書です。初学者の頃は、動詞の形で迷うことが多いからです。

そして前掲の辞典では、この配慮がなされているのです。たとえばwalkという動詞は、現在形も過去形も他の形も、すべて原則通りなのですが、このような動詞に関しても、次のように形が記載されています。

walks（三人称単数の現在形）
walked（過去形、過去分詞）
walking（*ing* 形）

②の点も特筆すべきものです。初心者にとって役立つ、そして興味深い記事が満載です。英語を学びたての方、あるいは、久々に英語学習を再開するという方は、この『プログレッシブ中学英和辞典』を利用してください。また家族・親族や友人で、英語を学びたての方がいたら、ぜひこの辞典をプレゼントしてあげてください。初期のつまずきを回避できる可能性が高まります。

本書では数多くの書籍を紹介していますが、特に英語に対する苦手意識が強く、とにかく何が何でも救われたいという方、あるいは英語を学び始めて間もないという方は、他のどの書籍よりも、まずはこの辞書と、拙著で恐縮ですが、第二章でご紹介させていただいた『基礎がため　一生モノの英文法ＢＡＳＩＣ　ＭＰ３　ＣＤ－ＲＯＭ付き』の二冊を用意して、ここから英語学習を始めてください。『プログレッシブ中学英和辞典』は初級者向けの英和辞典の決定版ですし、「基礎がため」のほうも、前述の通り、徹底的な音声ガイドを付けてあります。ナビゲーターの藤村由紀子アナウンサー（日英バイリンガル）の優しい導きで確実に読み進めることができ、必ず将来への希望を見出せる作品にしたつもりです。

なお『プログレッシブ中学英和辞典』の「中学」という文字は、「中学生限定」という意味ではなく、「英語を学びたての人」「初級者」という意味で解釈してください。中学生に限らず、広い年齢の初学者、初級者にとって、最も有益な英和辞典なのです。

この辞典を出発点としたうえで、英語力の向上に伴って、前述の〝「ジーニアス」「コアレックス」「フェイバリット」「ライトハウス」など＋中辞典〟という組み合わせに移行していってください。ただ、移行した後でも『プログレッシブ中学英和辞典』は役に立ちます。特に囲み記事の多くが、初級を脱した人が読んでも有益なものだからです。この記事の「拾い読み」も楽しんでください。

英英辞典を使ってみよう

日本の英語学習者が入手しやすい英語関連の辞書の主なものに、英和辞典と和英辞典に加えて、英英辞典があります。英英辞典とは、英単語を英語で説明したものですが、英語が得意な人の多くは、英英辞典に慣れ親しんでいるようです。第一章でその様子を眺めましたが、井筒俊彦は、西脇順三郎の指導に従い、ＣＯＤという英英辞典を丸暗記しました。そして西脇自身もやはり、ＣＯＤを徹底的に利用していました。これについて、弟子であり、後に慶大教授となる厨川《くりやがわ》文夫（一九〇七〜七八年）の証言を見てみましょう（季刊詩誌「無限」第29号、政治公論社より）。

ところがその翌週、また英語は休講かと思っていると、さっそうと教室に登場されたのが、オクスフォド大学から帰朝されて間もない西脇先生だった。紺の背広に鼻眼鏡をかけ、口髭をたくわえ、全く日本人ばなれの風采である。美事な発音で英語を読まれる。（中略）われわれが、英和辞典を使っているのを禁じられ、*Concise Oxford Dictionary*（*COD*）を徹底的に読むことをすすめられた。「'and' ひとつだって、あなたがたは知っていると思って字引をひかないが、それではだめだ。」と言われて、びっくりしたものだ。（中略）

先生は教室へ、必ず*COD*の使い古されて表紙が取れそうになったのを持ってこられた。ある時、質問するために教卓へ行き、先生の*COD*に赤や青の鉛筆で、ぎっしり下線《アンダライン》の施されてあるのを見た。先生は、われわれにこの辞書を読めと言われたが、ご自分ではそれを実行して居られたのである。

ただ、いきなり英英辞典を使いこなすのはなかなか難しいものです。そこで、無理なく使い始めることができる英英辞典として、次のものをお薦めします。

『新英英大辞典』（開拓社）

これは名前こそ「大辞典」ですが、一三〇〇ページほどの、辞書としてはコンパクトなものです。また、随所にイラストがあり、説明も簡潔です。

この辞書は長い伝統を持ち、数多くの英語学習者に親しまれてきました。初版が発行されたのは第二次世界大戦の真っただ中の一九四二年であり、序文を寄せているのは「日本英語学の祖」とも称される市河三喜《さんき》（一八八六〜一九七〇年）です（ちなみに英語学の世界に「市河賞」という賞があります）。そして、昭和四〇年の七九刷発行にあたって、序の後に次のような文が加えられました。

この辞典は英語排斥のはげしかった戦時中に出たため、その真価はなかなか一般には知られなかったが、イギリスの Oxford University Press からそのまま写真版にして発行され、世界各国にも行きわたり、しだいに、その良さが理解され、英語の専門家でない学者や実業家などの間にも愛用され

るようになった。しかも、日本で発行された英語辞典（英英・英和・和英・文法・作文など）の編集者で、この辞典を参考にしなかったものは、ほとんどいない、といわれている。

この辞典は、14年間文部省顧問をして、日本の英語教育の数々の功績を残したパーマ博士が考え出したものであり、日本人に長く英語を教えたイギリス人の3人の編者が日本人だけのために作ったという意味では、日本に一冊しかない英英辞典である。

ぜひこの辞典を常に机上に用意してください。そして、ある語を英和辞典で引いたら、なるべくこの辞典も引くようにしてください。いろいろと読んでいるうちに、英英辞典特有の説明にも慣れてきます。

さて、この辞典について先ほど「数多くの英語学習者に親しまれてきました」と述べましたが、これに関するエピソードを一つご紹介します。

AP通信社を経て、米誌「リーダーズ ダイジェスト」日本版編集長、〈文藝春秋〉北米総局長を務めた塩谷紘《しおやこう》氏は、この『新英英大辞典』を「わが独習英語の教師」と呼び、強く推《すい》奨《しょう》されています。そして、次のように述べています（國弘正雄監修『國弘正雄の英語がうまくなる本』辰巳出版より）。

私が生まれて初めて接した英英辞典は、「新英英大辞典」（開拓社）だった。高一の春に亡父が買ってくれた。「英語力を付けるなら、英英辞典を読むに限る」と言うのだ。新品の辞書を手渡されてパニック状態だった私に、「“aero-plane”の説明を英語でしてごらん」と父は言った。一瞬、私は返答に窮した。日本語で言ってしまえば、何の変哲もない〝飛行機〞である。ところがそれを、いざ英語で説明するとなると、言葉が出て来ないのだ。悪戦苦闘している私に、父はにやりと笑いながら言った。「辞書を見てごらん」ところが、英英辞典の説明の余りのあっけなさに、私は絶句してしまった。“aero-plane : A flying machine that is heavier than air and is driven by a motor.”とあるのだ。

「じゃあ、もう一つやってみよう」と父。「次は“motor-boat”だ」再び言葉が出てこない。まるで謎解き、トンチ教室（古いかな？）である。俄然やる気が出てきた。

その後、この独習法を続けた結果、私の英語力は急速に養われた。大学在学中に運よく、ある外国通信社の記者として採用されたのも、その後、念願かなって米国留学を果たすことが出来たのも、貴重な〝英語教師〞となった英英辞書とのめぐり会いの結果だと思っている。

お持ちの電子辞書に英英辞典が収録されている、という方も多いと思いますが、ぜひともこの『新英英大辞典』は入手してください。やはり「ここにしかない世界」があります。そして、塩谷氏のように「英単語を英語で説明するクイズ」を楽しんでください。

ただ、これを楽しむためには、二つの条件をクリアーしていなくてはなりません。それは一定以上の読解力があるということと、ある程度のレベルの英文を作る能力があるということです。読解力があまりにも低いと英英辞典の説明は読めませんし、また、基本レベルの英文と語彙のストックがなければ、英単語を英語で説明しようと思っても英文が出てきません。読解力の養成と、基本英文、基本語彙の暗記という作業は、ここでも大切なものとして関わってくるのです。

最後に次の書籍を紹介します。

『英語達人塾』斎藤兆史《よしふみ》（中公新書）

この本の第5章では、「大辞典」や和英辞典なども含めた多くの辞書が紹介され、辞書の活用法が詳しく語られています。また、第12章でも「辞書は自然にボロボロになる」という小見出しで、辞書について語られています。参照してみてください。

第八章　ネイティブスピーカーの限界と底力

英会話型学習の限界

まずは次の引用をお読みください。広島修道大学の山田雄一郎教授による『英語力とは何か』（大修館書店）の一節です。

いま、日本は、未曾有の英会話ブームに沸いています。本当に未曾有かとあらためて聞かれると自信はありませんが、そんな気にさせる材料はたくさんあります。引っ張りだこのネイティブ・スピーカー、幼児のための英会話教室、驚くほどの効果を謳《うた》った各種教材、大金を投じての語学留学……並べ立てれば、まだいくらも挙げられます。（中略）

ところで、こうした世間の動きに少し注意して目をやると、ある奇妙な共通点が見えてきます。それは、これらの動きのいずれもが、小さな努力で大きな成果を期待する、安直な学習法を連想させる点です。このような方法に頼る人たちは、ひょっとすると、お金を出せば英語が手に入ると勘違いしているのかも知れません。もちろん、それらの長所・短所を理解し、適切に利用している人もいるでしょう。しかし、そうした人はむしろ例外的な存在で、多くの人は、英語に対する苦手意識を学校教育の不手際として、これらの「新しい」学習法に漠然とした何かを期待しているのではないでしょうか。私たちの心の隙をついたこれらのビジネスの繁盛ぶりは、どことなくそれを語っているような気

がするのです。

ここまでの七つの章で、いろいろな学習法を述べてきましたが、この中に「ネイティブスピーカー」は、登場しませんでした。つまりゼロからスタートして中級者、上級者を目指して英語学習を進めていく場合、とりあえずはネイティブとの直接のコンタクト、英会話型の学習は、まず不要なのです。この章では「ネイティブスピーカー」「英会話学習」について扱い、「それらの長所・短所を理解し、適切に利用」できるようになるための指針を示します。

さて、いわゆる英会話型の学習は、次のような二つの特徴があるため、中級以上への展望がなかなか見えてきません。

① 扱う文のほとんどが、短いものである。
② わからない表現や文があっても、そのまま会話が流れていってしまうことがあまりにも多い。

まず①ですが、英会話型の学習でやりとりされる文のほぼ全てのものは、短くシンプルな文です。英字新聞や英書、英語論文、英文契約書、あるいは英語のネットサイトにおいて当たり前のように見られる、長く複雑な文や難解な文は、英会話学習ではほとんど含まれません。すると、英会話学習を続けていても、ずっとやさしい文、短文レベルに留まることになります。

②も大きな問題点です。ネイティブと会話をしていると、聴き取れない表現、理解できない文に数多く出くわします。聴き取れない部分の大半がそのまま流れていきますし、また、理解できない文のすべてに関して、いちいちストップをかけて、徹底的な説明を求める人もほとんどいないようです。すると、わからないものが放置されたままの学習になってしまいます。この点も学力につながりにくいのです。

ネイティブスピーカーの限界

さて、前項で指摘した二つの弱点は克服できるでしょうか。次のような意見もありえそうです。

①　短くてやさしい文のみならず、長くて難しい文も教材に盛り込めばよい。
②　学習者が聴き取れない文は、相手が聴き取れるまで、あるいは納得するまで何度も

繰り返せばよい。

③　学習者が理解できない箇所は、文構造を入念に説明し、理解するための技術を教えればよい。

ところが、ネイティブスピーカーが教務を担《にな》う状況ではこのような弱点克服はいずれも、事実上、不可能なのです。それはなぜでしょうか。

まずは②から説明します。聴き取れない表現があった場合、いちいちストップをかけて聴き取れるまで、あるいは「どうしてもわからない。これ以上は何回聴いても同じだ」と納得できるまで、何度も繰り返してもらうということはなかなか難しいものです。CDなどの音声教材であれば、何十回でも再生して、何と言っているのかを徹底的に考え抜くという主体的な学習ができますが、生身の人間相手に、一〇回も二〇回も同じことを繰り返し言ってもらうのは気が引けます。相手もうんざりするはずです。やはり多くても四、五回が、事実上の限界でしょう。さらに集団授業の場合、周りに対する気遣《きづか》いも必要になり、徹底的なリピートは、現実にはほとんど不可能だというのが実態です。リスニング力を効率よく養成するのに選ぶべき対象は、生身の人間ではなく音声教材なのです。

次に①と③の克服が不可能である理由をまとめて説明します。まずは次の文に目を通してください。あるスペイン語話者が、自身の日本語学習について語った、一部でかなり有名なエピソードです（ドメニコ・ラガナ『日本語とわたし』文藝春秋より）。

下宿の部屋に入るやいなや、漢和辞典と和英辞典を頼りに、幸田文の小説「流れる」を読もうとした。

「このうちに相違ないが、どこからはいっていいか、勝手口がなかった。」

一見、予想していたよりずっとわかりやすい文体のように思われた。センテンスは短いし、漢字も少ない。（中略）

しかし、おどろいたことには、それぞれの単語の意味はわかっても、全体の意味はどうしてもつかめなかった。

日本語を母語としているわれわれには容易に理解できる文です。「相違ない」は「ちがいない」という意味であり、「勝手口」とは、サザエさんの家でいえば、三河屋さんが登場する場所だということを説明すれば、小学生でも理解できるような文です。

みなさんは、外国語話者にとって、この文のどこがどのように難しいかがわかるでしょうか。また、どのような説明をすれば、この文を外国人に理解させることができるかわかるでしょうか。

この文の何がどう難しいのか、不思議でならないはずです。まして、どこからどう説明し、どのように理解させればいいかなど、まったく見当がつかないことと思います。

たしかにネイティブスピーカーは、母語に関する大量の文法知識を持っていますが、自分がどのようなメカニズムでその知識を操りながら文を理解しているのかを意識していないのです。漠然としたイメージしか持っていません。まさに一九ページの図の状態です。よって、どうすれば外国語を母語とする人が理解できるようになるかに関しての効果的な説明はできないのです。

次の文も参考になります。鈴木孝夫氏が、日本に留学中だったアメリカの大学生とのやりとりを記したものです（『日本語教のすすめ』新潮新書より）。

ある暑い日のこと、一緒に昼飯を食べに出かけた学生の一人が「先生、今日はあまり暑いから寒いビールでも飲みましょうか」と言ったのです。びっくりした私が「寒いビールは駄目だ、冷たいビールといわなくちゃ」と直すと、彼は「寒いと冷たいは何処が違うのですか、辞書を見てもよく分からないですが」と言いました。こう改まって正面から聞かれると、私は寒いビールが日本語としておかしいことは自信を持って言えるが、どうしてとなると、正直言って相手を満足させる明確な答えがそ

の場では出来なかったのです。

超人・井筒俊彦が自宅に寄宿することを許したほどの愛弟子であり、そのウルトラスーパースターから「世界の中でも悪くないほうだ」「一応世界に通用する人間だ」と認められていた大言語学者の鈴木氏ですら、こんな簡単な言葉の違いの説明ができなかったのです。

「寒い風」と「冷たい風」はどちらも可能ですが、「風」が「ビール」になると、修飾語になれるのは「冷たい」だけです。この二語の使い分けの仕組みを、皆さんはどのように説明されるでしょうか。

やはり明快な説明はできないはずです。「母語として操る能力がある」という事実は、「その言語が運用されているメカニズムを説明する能力がある」ということに自動的に結びつくわけではないのです。

また仮に、他人に説明できるような知識があったとしても、それを学習者の言語で説明することに、限りなく高いハードルがあります。学習者がスペイン人ならスペイン語で説明してあげなくてはなりません。タイ人ならタイ語で、エジプト人ならアラビア語での説明が必要になります。

さて、ここで仮に、日本語を学んでいる人が英語話者だとします。その人に対して、「理解できない日本語文の構造をつかみ、辞書さえあれば、大半の日本語の文を理解できる」という力を獲得させるためには、教師はどのような力を有していなくてはならないのでしょうか。

主に、次の三つの能力が求められます。

① 英語話者が、日本語の文構造の、どのような部分を、どのように難しいと感じるかがわかる。

② 意味がわからない文を理解させるためには、どのような説明をすればいいのかがわかる。

③ その説明を、英語で行うことができる。

さて、私たち日本語話者は、この①〜③のいずれをも満たしているでしょうか。

ほぼすべての人が、ただの一つも満たしていません。普通の日本語話者が、「日本語教師」としてできることはせいぜい、「このような状況は、日本語ではこのように表現します」というように、日本語文を読み上げること、また、相手が発言した際に返答してあげること、そして、誤っている部分を修正してあげることくらいです。

初学者が教師に対して何よりも求めている能力、つまり、理解できない文の構造と意味を学習者の言語で説明し、さらに、今後、類似の構造を持つ文に出会ったら、どのように分析、解読していけばいいかを説明する能力など、ほとんどいっさい持ち合わせていないのです。

ゆえに、日本語ができるようになりたいと思っている外国人が、普通の日本語話者を相手に日本語を勉強しようと思っても、幼稚なやりとりだけで終わってしまい、めざましい成長は見込めないのです。

そして、これとまったく同じことが逆のパターンでも、つまり、日本語話者が英語を学ぶ際にもあてはまります。英語のネイティブスピーカーのほぼ全員は、日本語を母語とする英語初級者に対して、効果的な指導を行えない存在なのです。英会話学校で「講師」としての役割を担っている人でさえ、です。仮にその講師が、英語教育のための特別な訓練を受けていたとしても、本質的な問題は解決しません。日本語の母語話者ではないという決定的なハンデは覆《くつがえ》しようがないのです。

したがって、ネイティブスピーカーが教師を務める状況では、カリキュラム、教材は次のようなものになってしまいます。

①「理解できない文を理解できるまでの、文構造の説明、文の分析方法の説明」は抜きになる。

②ほとんどが短くてやさしい英文の教材になる。

右記のとおり、英会話学校の講師も含めて、ほぼすべてのネイティブは、日本語話者がどのように英文の構造をとらえ、どのように理解していけばいいかを日本語でうまく説明できません。よって、初学者でも理解できるような、短くシンプルな文のみのテキストを用いれば、文構造の説明、分析方法の説明から逃げることができ、とりあえずは学習者に大きな不満を持たせないで済みます。

初級者にとっては、外国語の文は、短いものでも理解不可能な例が数多くあります。そして長く複雑な文を扱うと、理解ができない部分がいっそう増えます。すると学習者は、次のような疑問を持つことになります。

「なぜこのような形の文は、このような意味になるのか」

「この文の各部分の構造はどうなっているのか」

「似たような構造の文に出会った場合に、どのように頭を働かせて理解すればいいのか」

ところが、ネイティブは日本語でその説明を効果的に行うことができないので、テキストに長く複雑な文を盛り込むことはできません。

この結果、ネイティブとの英会話学習では、文構造の説明抜きでもわかるレベルの単純な構造の短文を、「こんな場面では、こんなふうに表現します」といったように教えるのが主になるのです。

やさしい短文が中心なので、とりあえずは「文が理解できない」という問題が生じず、しかも、目の前にネイティブスピーカーがいて、表面上は英語でやりとりをしているので、ある種の心地よさは味わえるのですが、元から理解できるレベルの文が中心だということは、「理解できない文が減る」ということが起こりにくいということを意味します。理屈、理論抜きの学習が続くので、「長い文であれ、難しい文であれ、理解できない文を分析して、理解するための方法を知った」という変化はまず起きないのです。ということは、中級への出口が見えないということです。初級のまま停滞してしまいます。

英語学習の最初期における最大の苦しみ、問題点は、「辞書を用いてすら、理解できない文があまりにも多い」という点であり、理解できない文を着実に減らしていくということが最重要課題なのですが、ネイティブとのやりとりでは、この根本的な課題がほとんど解決しないままなのです。英語ができるようになるつもりで行っているはずの英会話学校は、実は初学者が効果的に英語力をつけていき、確実に中級、上級に至るための場所ではなく、少し大げさに言えば「アメリカ人ごっこ」をする場所、イギリス人と戯れるためのサロンになってしまう可能性が高いのです。

事実、まわりにも英会話学校に通ったことのある方、あるいは通っている方が少なくないと思いますが、英語力の飛躍的な進歩を遂げて、たとえば英字新聞や英文雑誌、英語論文などを読みこなせる域にまで達した、というような人は皆無ではないでしょうか。

もちろん、「理解の深さはともかく、テキストの短文・フレーズをたくさん暗記した」「英語の音に対する慣れがかなり増した」というようなことは十分に起こりえます。また、「授業を通じてイギリスという国に親しみを感じるようになった」「アメリカ人講師と飲みに行き、バーボンのおいしさに気づいた」というようなこともあるかもしれません。

ただ、「長く複雑な文にも対応できるようになり、理解できない文がほとんどなくなる」という、初学者にとっての悲願ともいえる目標を達成することは、まず間違いなく不可能なのです。いつまでたっても「わからないだらけのまま」です。

本気で中級以上を目指すのであれば、初級の段階で、打開策を求めて英会話学校に駆け込むのは避けてください。英会話学校に通う前に取り組むべきことが山のようにあります。英会話学校のありがたみ、素晴らしさ、そしてネイティブスピーカーの底力が真に実感できるのは、より高い段階においてなのです（これについては後述します）。

なお、仮に「初級者のままでも特に問題はない」「シンプルな構造の文を、ネイティブスピーカーとやりとりすることを何よりも重視したい」という姿勢で学習をしている場合（もちろんこれはこれで、善でも悪でもない一つのスタンスです）は、英会話学校は好適なものだといえます。求める役割を立派に果たしてくれます。

初学者に相応しい教師、教材とは

では、日本語を母語とする初級の英語学習者が、着実な学力向上を目指して学ぶ場合に、教えを受けるべき教師はどのような人でしょうか。また、用いるのに相応しい教材はどのようなものでしょうか。

次の三つの条件を満たしていなくてはなりません。

① 日本語を母語とする初級者が、英文のどのような部分に、どのような難しさを感じるかがわかる。

② 初級者に対してどのような説明をすれば、文法構造をとらえられるようになるか、そして文が理解できるようになるかについての知識がある。

③ その知識を日本語で正確に伝えられる。

　この三つの条件を満たした人は、日本語を母語とする人以外にまず存在しません。つまり「日本語を母語とする、オーソドックスな文法の習得（と読解演習）に重きを置く英語教員」、あるいは「そのような人が作った教材」で徹底的に学ぶことによってこそ（というよりも「学ぶことによってのみ」）、英語学習における初期段階の最大の目標である、「辞書さえあれば、ほぼすべての文を理解できるようになる」という状態に、効率よく到達できるのです。

　次の引用も大いに参考になります（遠藤尚雄『英語は独学に限る　独学英語でロボットを世界に売った男の英語独修術』主婦の友社より）。

　ところでアメリカにも英語学校がある。駐在員の奥さんなど日本人も、アメリカでこうした英語学校に行く人は案外多い。向こうに住んでいるだけでは英語は上手にならないし、どうしても英語の必要性を痛感せざるを得ないので、英語学校にでも行こうかということになるのだろう。ただアメリカの英語学校だから上達が速くなるとか、教え方が上手とか、そういうことは期待しないほうがよい。今は日本でも、英会話学校というとネイティヴがふつうのようになっているので、アメリカの英語学校も日本の英語学校も内容的にはそんなに変わるものではない。それに教師がネイティヴだからといって、教え上手とは限らない。

ともあれ、日本の英語学校もアメリカの英語学校も、大きな成果を期待すると期待外れになることが多い。それに費やした時間とお金を考えると、必ずしもそれに見合ったものになるとは限らないだろう。英語の勉強をするなら、日本人にとって英語の何が苦手なのか、それをよくわかっていて、それをきちんと教えるノウハウを持っている、そういった日本人（たとえば私のような？）を選ぶのがいちばん効率のよい方法といえよう。

われわれはどうしても、ネイティブスピーカーというものを神格化してしまうものです。そして、「講師が全員ネイティブだから、英会話学校に通えば本物の英語力が身に付くだろう」「中学や高校の教員にネイティブスピーカーを増やし、英語のみで行う授業をより積極的に導入すれば、日本人の英語力はいまよりも大幅に向上するだろう」「ネイティブが作った教材が一番だろう」などと考えてしまいがちですが、これはやはり、あまりにも短絡的な、そして明らかに誤った発想なのです。

ネイティブスピーカーの底力

では、英会話型の学習は完全に否定するべきなのでしょうか。また、英語学習において、ネイティブの力は無益なのでしょうか。

決してそのようなことはありません。英会話学校や、ネイティブスピーカーの存在は、学習者が中級、上級に至った段階において、特に有効なものになります。ネイティブの底力が強く発揮されるのは、何よりも「添削係」「質問の回答者」としてです。

中級者、上級者になると、書ける英文、話せる英文が増えてきます。そして自分の生み出した文の正しさが気になるということが頻繁に生じるのですが、ある英文が本当に正しいかということは、どうしても母語話者でなくては判断できない部分が多いのです。特に冠詞、前置詞の選択能力や、副詞を文中の最も適切な位置に置く能力、名詞の「可算／不可算」を識別する力、また、似た意味をもつ語や表現の、微妙な違いを感じ取る能力は、ネイティブならではのものがあります。これらのことに関して疑問点が生じた場合に、ネイティブと接する場が用意されていれば、その疑問を解決できます。

また中級、上級になると、大量の英文を読んだり聴いたりできるようになりますが、その際には、たとえば次のような疑問が出てくるものです。

「こんな表現は、今まで勉強した中では出会わなかったが、正式のものなのか」

「この文と同じ内容を、より簡潔に述べるための表現はないか」

「この音声教材では、この単語が自分の学んだものとは違った発音で読まれているが、これは標準的なものなのか」

このような疑問も、ネイティブが解決してくれます。

このように、英会話学校の真のありがたみがわかり、ネイティブスピーカーの底力がいっそう有益なものとなるのは、自分自身の学習がずいぶんと進んでからのことなのです。

第九章　英語に呑まれないために

日本の英語教育に対する二つの立場

戦後、日本では義務教育が中学にまで延び、ほぼすべての国民が英語を学ぶこととなりました。そして、海外旅行がどんどん身近なものになり（戦前の日本には「一般人が気軽に海外旅行をする」という文化はありませんでした）、また逆に、多くの外国人が日本を訪れるようになり、英語話者との交流の機会は増え続けました。さらに、容易に英文ページが閲覧《えつらん》できるインターネットの登場、普及などの影響もあり、日本国民の「英語熱」はほとんど増す一方だったといえます。

少なくとも一九九〇年代までは、大学生の就職活動時に、多くの企業がＴＯＥＩＣのスコアを重視するという傾向はありませんでした。また、入社した後も多数の従業員が、定期的にＴＯＥＩＣを受けるという風潮は見られませんでした。ところが現在は、ＴＯＥＩＣで高得点を取得していれば就職活動や昇進の際に有利になることが少なくないため、以前に比べて、大学生、社会人の学習対象における英語の比率が高まっているようです。

もちろんＴＯＥＩＣはあくまでも一例にすぎません。他にもたとえば企業内での英語公用語化、小学校での英語教育の導入など、この「加熱」は続いています。

このような状況に対する識者の立場は、大まかに、二つに分けることができます。一つは、この流れを肯定し、いっそうの強化を求める「推進派」と、そしてもう一つは、この流れに異を唱える「反対派」です。

いずれの意見の論拠もうなずくべき部分が多く、また、人ごとに英語を必要とする度合いが異なるので、「万人にとっての英語との理想的な付き合い方」を、すべての人が納得する形で提示することなど、まず誰にもできないはずですが、この最終章では、それぞれの意見の正しさをふまえたうえで、それでも結局は、これこそが理想だろうという「落とし所」を探っていくことにします。

推進派の正しさ

第三章でも述べた通り、日本では少子高齢化という決定的な要因によって内需の拡大が見込めず、また、新興国での購買力が高まっていることもあり、今後は諸外国との取引をさらに増やしていくことが、豊かさを維持するための条件の一つであるはずです。その際には、事実上の世界共通言語である英語を駆使して商談を行い、英文の契約書を読み書きせざるをえない以上、高い英語力を養成するために、英語学習にいっそう多くの時間を割かなければならない、というのはやはり正論です。

そのつど、現地で通訳を雇うというのも一つの選択肢ですが、費用がかかり、また常に適任者が見つかるとも限らないことを考えると、自ら英語を運用する能力を備えたうえで乗り込んで行くのが理想だといえます。そして英語を操ることにより、商品、サービスを売ることができれば、日本に財が流入するがゆえ、少なくとも金銭的な意味での豊かさは増します。その点ではやはり、英語の力は国のためになるといえます。

また、私たちは日本語の中に多くの英単語を取り入れているだけでなく、生活そのものが、西洋で作られた枠組みの中にあるといってもいいでしょう。大半の人が西洋式の家に住み、西洋で発達した自然科学の産物である自動車や電車に乗って職場や学校に行き、ほぼすべての企業において仕事着は洋服であり、学生服も洋服であり、帰宅後も、西洋で発明された楽器で演奏された音楽を聴き、洋酒を飲みながら洋食を食べる、というような毎日を、西暦を利用しながら送っています。極東の日本列島にいながらも、私たちは多くの「西洋」の中に生きているのです。

ゆえに言語を含め、西洋に関することを広く深く学ぶことは、陰に陽に益するところがあるはずです。

この点に関して、長く京都大学で教鞭《きょうべん》を執《と》った、ギリシア哲学の泰斗《たいと》・田中美知太郎《みちたろう》（一九〇二〜八五年）は、『古典の智慧』（河出新書）の中で、「ギリシア研究は、私たちにとって、どんな意味をもつことが出来るであろうか」と問いかけ、これに自ら答えて次のように述べています。

そしてこのようなヨーロッパ文化は、私たちの過去から考えればこれまた全くの外来物である。しかしそれが今や世界文明の基調をなすと考えられる時、私たちの人間性も、この外来文化なしには、もはや満足な発展を期待することは出来なくなつている。私たちはこれを欲すると否とにかかわらず、この外来文化によつて必然的に、新しい人間性を形成しなければならなくなつているのである。明治の開国以来、私たちは既にそのような途を歩んで来たし、一時的反動が過ぎ去つた今、それは更に決定的なものとなるであろう。

この文章が発表されたのは一九五三（昭和二八）年のことですが（「一時的反動」とは、昭和一〇年代後半の、英米蘭豪などとの戦争を意味します）、この「予言」の通り、当時よりもいっそう色濃く、西洋文明の影響を受けた日本の中に私たちは生きています。

するとやはり、より強い熱意でもって西洋の歴史、文化、言語などを学ぶのは正しいことだ、という結論になりそうです。

反対派の正しさ

一方で、反対派の意見にも十分な説得力があります。まずは以下を参照してください。『新・田村の現代文講義1』（田村秀行、代々木ライブラリー）からの引用です。

現代日本語は翻訳言語の性質をもっているから、一つの言語で世界のあらゆる事柄が書き表せる。極端には、医学以外のすべてが日本語でできるのである。例えば、日本では、大学でも数学を日本語で学んでいるが、これは異様なことで、他の非西洋諸国では自言語で数学をやるということなどは考えられもしない。数学というのは西洋の考え方であるから、西洋の言語を使わなければできないのが当然なのに、それを本来の仕組みが違う言語でやれるというのが、現代日本語の特殊性なのである。

ほとんどのアジア・アフリカ諸国は西洋諸国の植民地となり、また、ヨーロッパの言葉を母語に翻訳する下地ができていなかったため、西洋のものは西洋の言葉で学ばざるをえず、その状況はいまもなお続いています。幼稚園から大学院まで、母語で一貫して教育を行うことができる日本という国は、アジア・アフリカの国家の中で、実に特異な、極めて幸せな国なのです。

これにまつわるエピソードを一つ紹介しましょう。『英語教育大論争』（平泉渉、渡部昇一共著、文春文庫）の中の、渡部氏による記述の一節です。

私がノース・カロライナ州の大学で教えていた時、そこにGというインド人の教授がいた。そのG氏がある時、私に向って、「日本人は何語で教育を受けるか」と訊くのである。私ははじめその質問の意味がピンとこなかったので、聞き違いかと思った。しかしG氏の質問は、間違いなく、「日本人は何語で教育を受けるか」というのであった。「もちろん日本人は日本語で教育を受ける」と答えたら、ちょっと不快そうな表情をしたことを記憶している。

よく聞いてみるとこういう体験をしている日本人はかなりいるようである。私の知っている人から直接聞いたこともあるし、そうした記事を雑誌などで読んだこともある。

インドでは、現地の言葉、たとえばヒンディー語やベンガル語で高等教育、専門教育を十全に行うというのは、夢物語のようなことなのでしょう。

日本は欧米列強による植民地支配を免《まぬが》れ、また、漢学の伝統をもとに、明治時代を中心に多くの翻訳語が作られたために、母語での一貫教育が可能なのです。ふだん喋っている言葉のままの教育で、自国のこと、外国のこと、過去のこと、現在のこと、具体的なこと、抽象的なこと、ありとあらゆることが学べます。

ちなみに、私たちが日々、使っている言葉のうちのかなりの数のもの、たとえば「郵便」も「哲学」も、「主観」も「客観」も、江戸時代までは用いられていなかったものであり、明治時代の賢人たちが西洋言語、西洋文明との出合いの中で生み出したものです。そしてこの時期に作られた日本語の多くを、中国が逆輸入して使用しています。

また、「美しさ」という点でも日本語は、世界に冠たるものだといえます。もちろん各言語にそれぞれの美しさがあるのでしょう。たとえば西脇順三郎はイタリア語について、次のように、褒め称えています（西脇順三郎『雑談の夜明け』講談社学術文庫より）。

私は辞典と首っぴきでダンテを読んでその言葉の美を昔から感じてはいたが、ローマへ来て実際に日常しゃべられているイタリア語をきいてみると、ヨーロッパ語中これほど美しいものはないと感じた。殊に女どうしが話している会話をきいているとなんともいえない味がある。あの荘重なラテン語がかくもひなびれた味のある親しみのある言葉になったものかと驚いた。私は貴族の婦人の会話から下宿屋の娘の会話まできいたが、すばらしいものだ。

これはほんの一例であり、多くの人が世界のいろいろな言語に対して、美しさと魅力を感じているということは言うまでもないことです。

ただそれでもやはり、日本語ほど優美で繊細な言葉は、地上のどこにも存在しないのではないでしょうか。古代から連綿と続く大和言葉と、上記の翻訳語も含めた漢語がバランス良く融合した現代日本語は、世界の多くの人々を魅了しています。日本語を学び始めたきっかけが、「美しいから」という外国人も少なくないようです。『外国人が教えてくれた　日本人 is №.1　家から食事、美意識、性格まで』（KAORI、PHP研究所）という書籍の中で著者は、外国人の友人から、日本語は世界一美しい言葉だと頻繁に言われるということを述べています。

また書き言葉に関しても、日本語は特筆すべきものです。漢字、ひらがな、カタカナ（＋アルファベット）という異質の文字群を絶妙な比率で組み合わせた、極めて伝達効率の良い表記法は、日本人の高い創造力と柔軟性の賜物《たまもの》だといえるはずです。

さて、英語教育をさらに強く推進してしまうと、せっかく築き上げられてきた世界に類を見ない「日本語の世界」、ひいては「日本人らしさ」「日本の良さ」が少しずつ失われていくという危惧《きぐ》が当然にありえます。

また、英語の学習時間を増やすということは、裏を返せば、他科目を学び、他の教養を身につける時間がそれだけ失われるということでもあります。

たとえば現在の高校教育においては、「漢文」の比重は非常に低く、また、大半の大学が入試科目から外しています。ところが一般に、漢文は英語よりも内容の濃いものです。この点、以下をご参照ください。渡部昇一氏と、中国学者の白川静《しらかわしずか》（一九一〇～二〇〇六年）の対談本『知の愉しみ 知の力』（致知出版社）の一節です。

渡部　漢文は英語よりはるかにおもしろいんです。中学の英語の教科書はなかなか内容のあるところまで行かないですからね。「ジャックは七時に起きました。それからご飯食べて、お父さんは銀行に行きます。ジャックは学校に行きました」。これ、つまらないですよ。ところが漢文のほうは内容がある。

白川　そう、大人の世界ですからね。

渡部　はい、全然魅力が違いました。

白川　だから大人になるためには、どうしてもそういう古典を読まんといかんと思うわけなんです。

渡部　夏目漱石は最初、英語が嫌で嫌で全然だめだったんですね。一方、漢文は好きで好きで仕方なかった。それで漱石は、漢文にとらわれていては進学できないと考えて漢籍をまとめて売ってしまった。そして英語を勉強して学校に入るんです。この漱石の気持ちはわかりますね。漢文をはじめたら、「ジャックは七時に起きて、ごはんを食べました」なんてやってられません。漱石は「左国史

漢」を読んでいましたからね。「左国史漢」を読めるような人間が、「ジャックは七時に起きました」ではね。

「左国史漢」とは、『春秋左氏伝』『国語』『史記』『漢書』の四冊をまとめて言う言葉です。明治期に生まれた人の文章には、著述家によるものでなくとも、格調の高い文がしばしば見られますが、そのような文を書いた人の経歴を確認すると、やはり幼少期から漢文に親しんでいることが多いようです。

たとえば明治一七年生まれの日本画家・安田靫彦《ゆきひこ》（一八八四〜一九七八年）は、昭和一〇年に四〇歳の若さで世を去った天才画家・速水御舟《はやみぎょしゅう》（一八九四〜一九三五年）の死に際して追悼《ついとう》文を寄せていますが、そのタイトルが「速水君の死を哭《こく》す」です。このタイトル自体、昭和生まれ以降の世代からはまず出てこないものです。手持ちの漢語の語彙が違いすぎるのです。そしてこの文は、次のように締めくくられています（安田靫彦『画想』中央公論美術出版より）。

仕事のこと、美術界のこと、君に期待した事があまりにあり過ぎた。君もどれだけの思いを残して逝かれたであろうか。国家の隆運文化の昂揚、未曾有の盛時に際会せんとするに当り、我が芸術界に

斯の人を失う、天無情である。

この文を書いた安田靫彦もやはり、幼年期に私塾で、素読《そどく》を含めた漢文学習を経験しています。

このように、硬質な語彙がちりばめられた品格ある文の書き手を、広く世に輩出する基盤があったというのが、ほんの一〇〇年ほど前までの日本だったのです。「文は人なり」という言葉を思い返すにつけ、漢文教育が廃《すた》れたことは、日本にとってやはり大きな損失であることは間違いないでしょう。残念ながら、最も根の深いところで日本人の力は失われつつあるのかもしれません。この点に関して、第一章で紹介した『漢文の素養　誰が日本文化をつくったのか？』の中で、次のような指摘がなされています。

二十一世紀の今日、漢文的教養の潜在的必要性は、高まりつつある。例えば、江戸から明治にかけて、日本の知識人は、豊かな漢文の素養を生かして、次々とセンスのよい新漢語を考案した。ところが、昭和から平成にかけての日本人は、漢文の素養を失ってしまったため、新漢語を作れなくなってしまった。

一例をあげると、今日の日本人は、「パソコン」にあたる漢語さえ考案できず、中国人が考案した

「電脳」を輸入して使っている。カタカナの外来語をなんでも新漢語に置き換えればよい、というわけではない。しかし今日の中国で、パソコンやインターネット関連の用語をどんどん「新漢語」に置き換え、自国民にわかりやすいものにしている様子を見ると、まるで明治期の日本のような勢いを感じる。

とはいえ、たとえば企業において、漢文教育を積極的に取り入れたり、漢文を入社試験の科目に加えたりするのは、いろいろな理由から現実的ではないはずです。また、今後ますます英語で商取引をしていかなければならないということも明らかです。そして第三章で述べたように、英語はほぼ全ての学問分野において、研究のための絶対不可欠な手段であるという事実も否定のしようがありません。大学進学率が、かつてないほどに高まっているいま、大学入学後に英書や英語論文を読みこなす必要があることを考えると、多くの中学生、高校生が英語を重点的に学ぶことの意義は、やはり改めて言うまでもないことです。

「日本語の文献は読めるが、英書、英語論文を読めない大学生」は、少し厳しいたとえで言うならば、「ちらし寿司は作れるけれど、寿司を握れない寿司職人」のようなものなのです。

では、この「賛成派」と「反対派」のバランスをどう取り、どのようなところに着地点を見出せばいいのでしょうか。

「文法・訳読」の尊さ

この問題の解決策を探るにあたって、次の言葉が大きなヒントになりそうです。東京大学の大堀壽夫教授による「教養英語の新たな挑戦」と題された卓話の一部です（東京神田ロータリークラブＨＰより）。

最近の英語教育では、文法や読解、語彙といった知識よりも、コミュニケーション重視で、とにかく話せればいい、という風潮があります。長く英語教育に携わる者としては、あえて教養の重要性ということを申し上げたいと思います。

教養のとらえ方は人によって異なりますが、考える力というものが一つの軸になると思います。自分の頭で考える、判断する、自分の出した判断を人にきちんと伝える、ということです。考える力とはどういうことかというと、論理的な構成力です。長年、英語を教えていて思うのは、英語のできる人は日本語もできる、ということです。逆に、日本語がうまく話せない学生、自分の考えをきちんと日本語でまとめることができない学生は、英語を書かせたり、しゃべらせたりしても、やはりうまくいきません。そういう意味では、論理的に物事を考える力というものは、じつは日本語も英語もほとんど変わりません。論理的に組み立てたものは、何語でも同じだということです。翻訳、つまり英語を

日本語に訳すという学習方法は古くさいとされていますが、英語を日本語に置き換えながら論理的な構成を理解するということは、じつはとても大事なことです。

「論理的に組み立てたものは、何語でも同じだということです」という一文を重く受け止めてください。世界の諸言語を比較・研究されている方の発言であるがゆえ、重みがいっそう増します。

単に短い英文のやりとりができればいい、正確さはともかく何かを発信してみたい、というような心持ちで勉強をしていると、母語や母国の文化の良さ、尊さを顧みることなく、「ネイティブスピーカー」「英語」「西洋文化」といったものに闇雲に従ってしまう可能性があります。これはまさに反対派の危惧するところのものです。

ところがオーソドックスな文法の習得をふまえたうえで英文読解、英文和訳に挑み、さらに英作文にも取り組むと、「徹底的に文構造を考える」「推論を重ねていき、正しい和訳を導き出す」「文法理論に従いながら一つひとつの知識を組み合わせて、長い英文を形成していく」といった、厳格で重厚な作業が伴います。するとその過程で、日本語と英語の多くの相違点、共通点を深く認識することになります。そしていずれの言葉も奥が深いものだということがわかり、それぞれの言語に対する敬意のような感情が生まれるはずです。そしてさらに、「他の言語はどのようなものだろうか」「言葉と文化、社会との関わり合いはどのようなものなのか」「そもそも言葉とはなにか」というような興味にまで発展していく可能性が大いにあります。

英語を勉強しつつも、むしろ英語の意識は消え、言葉それ自体への興味に向かい、そして最終的には母語である日本語に回帰する可能性さえあるのです。

事実、「文法・訳読」を中心にして緻密な学習をしてきた人は、この方法で英語ができるようになり、たしかに英語を好きになっていますが、それ以上に言葉そのものに興味を持ち、これに関する書籍を読み、また英語以外の言語にも関心を抱き、最終的には自己の日本語が大いに覚醒され、これを大切にするという発想に至っている人が多いようです。英語に呑《の》み込まれているような人は、むしろ少ないように見受けられます。

第一章で、井筒俊彦と西脇順三郎の英語習得法を紹介しましたが、この二人もまた、そのようなコースを辿り、日本語に戻ってきているようです。それぞれの「その後」を見てみましょう。

まずは西脇です。言語に関する限り、イギリス人と完全に同じレベルになることを目標とした西脇ですので、やはり一時期、日本語を避ける傾向にあったようです。西脇の英語への傾倒ぶりは、第一章で紹介した『英語達人列伝』の中で、著者の斎藤氏から「偏愛」とまで評されているほどです。

そして、その英詩でノーベル賞候補になりましたが、同時に西脇は、美しい見事な日本語詩も数多く残しています。代表作『Ambarvalia』は、日本人が到達した最高の詩境の一つです（この作品は現在、同じ西脇の詩集『旅人かへらず』とセットになった講談社文芸文庫『Ambarvalia・旅人かへらず』で手軽に読むことができます。この文庫の裏表紙には「日本の現代詩最高の偉業二作を完全収録」というコピーが刻まれています。ぜひ手にしてみてください）。

西脇の日本語詩の奥深さについては、書家であり文筆家でもあった榊莫山《さかきばくざん》（一九二六〜二〇一〇年）が、「そこに答えがある」と題した文の中で次のように述べています（『莫山つれづれ』新潮文庫より）。

> 原稿をかくわたしの机のかたわらに、いつもおいてあるのは『西脇《にしわき》順三郎全詩集』という、あかい表紙のぶ厚い本である。（中略）
>
> この本が、昭和五十六年一月二十日に、筑摩書房からでたとき、わたしはすぐ買った。いま、あらためて奥付をみると、定価壱《いち》万八千円とある。それ以来、わたしの机のかたわらからはなれたことがないのだから、もう三十年ちかく、だいたいおなじ場所にいる本である。
>
> おいてあるのは、ときどき開いてみたくなるからだ。ちょっと退屈になったとき、なんか新しい言

葉をみつけたいとき、とてつもない文にあいたいとき、もやもやした心を洗ってほしいとき……など、開けばちゃんと答えが、どこかにかかれているのである。

また、画家・版画家・陶芸家・作家・映画監督などとして、幅広く活躍した池田満寿夫《ますお》（一九三四〜九七年）も、西脇詩を別格のものとしてとらえ、多芸多才で自信家の彼が、それでも西脇だけは「先生」と呼ばずにいられなかったことを書き綴《つづ》っています。以下、「宝石の重み」と題された小文の一節です（『定本西脇順三郎全集』パンフレット、筑摩書房より）。

私には西脇氏の詩は文学からはみでた奇蹟そのもののように思われる。荒廃へ向いつつある現代では、明らかにこの詩人の存在は栄光の宝石である。この宝石の重みは、われわれの思考の中に数万年の時間を憶い出させ、自然の風景を夢のなかへ返してくれるのである。また私は西脇氏にお会いする機会を何度か持つ幸運にめぐまれていた。私は絶対に「先生」と言うことを嫌っている人間だが、西脇氏だけは例外だった。敬虔の感情が私に西脇先生と自然に言わせてしまったのである。

西脇は日本語詩の書き手としてのみならず、翻訳家としても極点に達し、日本語の散文もまた絶品です。英語にのめりこんだ西脇は、最終的には最高の日本語の書き手にもなったのです。そして晩年は英語を話すことも少なくなっていったようです。西脇の中で「日本語への回帰」が起こったのだともいえそうです。

　では井筒俊彦の場合はどうでしょうか。西脇の指導に従って英語を学んだ井筒ですが、井筒が他のどの言語よりも夢中になったのはアラビア語でした。以下にその様子が描かれています。講談社学術文庫版の『マホメット』の一節です。

> **マホメットはかつて私の青春の血潮を妖しく湧き立たせた異常な人物だ。人生の最も華かなるべき一時期を私は彼とともに過した。彼の面影は至るところ私についてまわって片時も私を放さなかった。第一に生活の環境がそれを私に強要したのだった。朝起きてから夜床に就くまでアラビア語を読みアラビア語を喋りアラビア語を教え、机に向えば古いアラビアの詩集やコーランを繙《ひもと》くという、今にして憶えばまるで夢のような日々を送っていたその頃の私に、どうしてマホメットのことを忘れる暇などあり得よう。**

　このように、外国語であるアラビア語を「偏愛」し、また、著作を英語等の外国語でも発表した井筒ですが、最終的に、第一章で紹介した主著『意識と本質』を執筆する際に選んだ言語は、母語である日本語でした。この事実に対する、「日本人なのだから日本語で書くのは当たり前ではないか」というような素朴な感想は、超人・井筒の場合、そう簡単にはあてはまりません。

これについては以下をご参照ください。一九七九年、イラン革命の激化のため、テヘランでの生活を終え、帰国した後の井筒について述べられています。『井筒俊彦――叡知の哲学』(若松英輔、慶應義塾大学出版会)からの引用です。

なぜ、井筒俊彦は、「意識と本質」を日本語で書いたのだろう。居を日本に構えたから、だけでは彼の場合、十分な理由ではない。日本にいながら、世界に向けて英語で書き続けるのは難しいことでないばかりか、彼にはそれまでの仕事の延長でもある。帰国後も海外での学会発表をやめたわけではない。帰国からさほど時を経ずして、日本で最初に行われた講演も、英語で行っている。当時の仕事の環境を考えれば、英語で書く方がむしろ自然だった。彼の英文著作を待つ読者は世界にいたのである。事実、*Sufism and Taoism* の改訂は「意識と本質」の執筆と並行して進められた。

三十を超える言語を自由にした井筒俊彦は、その一方で、母語が果す決定的な役割を深く認識していた。

やはり井筒も母語に回帰したのだといえそうです。ちなみに、第一章で紹介した「アラベスク——井筒俊彦氏を悼む」の中で、司馬遼太郎は井筒の日本語について「端正な日本語」と述べ、さらには「もっとも上質な近代日本語」とまで評しています。国民的作家にここまで言わせるのですから、井筒の日本語がいかに傑出したものかがわかります（一七三ページの引用文も、実に小気味のよいものではありませんか！）。

第一章で述べた通り、井筒は師たる西脇の助言に従い、伝統的な文法学習を徹底的に重ね、辞書を暗記し、多くの文を読み込んでいくという重厚なスタイルの学習法を採用しましたが、これは英語だけでなく、他の言語でも同じでした。二四ページの引用に「古今東西の万巻の古典をそれぞれの言語で読み」とある通りです。また、そのような学習法で弟子を指導しました。二二ページに引き続き、鈴木孝夫氏の証言を読んでみましょう。

ですからその当時、自分一人だったら絶対読まなかっただろうと思うものをたくさん読みました。フランス語でボードレールの『悪の華』やマラルメを読んだり、リルケのドイツ語の詩とかカフカやゲオルゲなども読みました。まあ、おそらく一生自分では読まなかっただろう本を全部先生が宿題として私に調べさせて、それで読んでくださるのです。私が訳すと井筒先生は必ず「ヒヒヒヒ」と笑われるんです。そして「どこからそんな訳が出るの？　きみの頭はかっこはいいけれど中身は悪いね」とおっしゃる。そういう先生なのです。ロシア語のときも同じように言われる。ペルシア語やアラビ

ア語でも勿論そうでした。

単に何とか通じればいい、短い文だけのコミュニケーションでいいという考えではなく、構造を分析しながら緻密に文を読み込み、正確に訳出していくという、厳格な学習を進めたということがわかります。

このような学習法で外国語に取り組んだ場合は、最終的には、母語を蔑《ないがし》ろにしたまま外国語に溺《おぼ》れるというような事態には陥《おちい》りにくいのです。卑近な欲得を追い求めることなく、学ぶことそれ自体を楽しむという何とも清々しい姿になっていきます。そして、このような姿勢で学習を進めている人のほうが、「すぐに〜」「聞き流すだけで〜」「いつのまにやら〜」といった、ありえないような即効性ややさしさを謳う学習法、教材を選んでいる人よりも、圧倒的に高い割合で、はるかに厚みのある高い英語力を獲得しています。

英語を深く学びながらも英語に呑まれないための落とし所は、やはり、「まずは緻密な文法理論を大量に学び、そのうえでしっかりと理詰めで考えながら読解演習を積んでいく。そして、同じような姿勢で英作文にも取り組む」という、昔ながらの学習法を採用することだという結論に至るのです。

社会人も、「文法・訳読」

それでもやはり、「文法・訳読」あるいは「英作文」というような言葉は、どうしても受験生向けのもの、という感じがするかもしれません。

ただ、繰り返し述べてきた通り、英語の論文・レポートや英書、英字新聞や英文契約書を正確に読まなくてはならない、そして英語論文、英文契約書、英文のビジネスメールなどを書かなくてはならないという社会人が今後も増えることを考えると、「文法・訳読」そして「英作文」こそが、社会人にとっても最も望ましい勉強法なのです。

渡部昇一氏の次の言葉も大いに参考になります（『学ぶためのヒント』祥伝社黄金文庫より）。

……戦後は初歩の会話でもできる人が非常に少なかったために、商社などでは入社試験に会話その他語学の実技試験を採用したところもあります。ところが、そういう人を採用して長く使ってみた結果わかったことは、入社試験の段階における初歩の会話などはあまり考慮するには及ばないということでした。ちゃんとした文法的な長い文章を読む力、あるいは、きちんとした英作文を書く力のある人のほうが、会社に入ってから伸びる。（中略）基礎的なプロセスを経てない人は、挨拶はうまいかもしれませんが、いつまでたっても契約書だとか、実際に今問題になっていることの事態の正確な文章、文献を読むことができないということで、結局伸びないのです。ということもあって、一番語学を使うような分野の会社などにおいても、英文解釈的、あるいは和文英訳的なオーソドックスな力の高さが評価される時代になったということも参考のために言っておきましょう。

「初歩の会話」に終始してしまいがちな会話形式での学習や、「ネイティブスピーカー」を前面に押し出したもの、あるいは「コミュニケーション英語」といったものよりも、伝統的な文法学習、読解演習、英作文演習といったものを基盤にする重厚な学習方法こそが、実社会で広く活躍するためにも理想的なものだということがよくわかります。

英語が不要な人も、「文法・訳読」

さて、ますます多くの人が英語の必要性を感じている一方で、たくさんの人が、高度な英語力など持ち合わせてなくても問題なく生活できているということもまた事実です。毎年、社会に出る人の多くも、特に英語が必要とされない職に就きます。

では「文法・訳読」「英作文」を中心とした古典的な学習法は、このように英語を必要とせずに暮らしている人や、英語が要らない職業に就く予定の中で学生生活を送っている人にとって、どのような意義があるのでしょうか。

主に二つのものが考えられます。

一つは理路整然とした思考力を鍛錬するための手段としての意義です。「文法・訳読」「英作文」には、徹底的な理詰めの思考が伴います。一つひとつの知識の性質、内容を考えながら推理、推論を重ねて文を読み解いていく、あるいは文を作り上げていくという作業は、思考力を鍛えるための訓練にもなります。繰り返し登場していただいている渡部昇一氏も、『講談・英語の歴史』(ＰＨＰ新書)の中で、英文和訳に取り組むことの効能について、次のように述べています。

たとえば、英語の表現の様式は日本語とはまるで違う。文法をたどりながら英文を日本文に置き換えるためには日本語と格闘しなければならない。これはものすごい格闘である。英文和訳は英語の読解力、文法力を通して高い知能の訓練になるのである。

また同じ書籍の中で、和文英訳については次のように語っています。

また、日本語を英文に訳すことは、日本語という主語がなくても成り立つ言葉を英語に直す時に、どのぐらい頭のなかで噛み砕いて、英語になるように配列しなければならないことか。これもたいへ

んな知能の鍛錬になる。


英語を学ぶことは、次元の高い知能の訓練になるのです。

もちろん、これがすぐ何かに反映される、というほど世の中は単純なものでも甘いものでもないのでしょうけれど、厳格で理知的な作業に打ち込むという経験は、必ずや財産となります。また、決して小さくない自信として、自分の中に堆積《たいせき》していきます。

自らの知に対する誇りを形成する要因となりうるのは、断じて「難しい高校に入った」「～大学を出ている」「高度な専門知識が要求される職務を長年こなしてきた」というようなことだけではないはずです。年齢や身分や職業、経歴にかかわらず、日々、自室や図書館や喫茶店で、厳格・重厚な知の鍛錬を重ねることによってもまた、自負心は養うことができるのです。そしてその誇りは、静かながらも確かな自分の底力となり、場合によっては生きていくうえでの張りや支えにすらなるはずです。

もう一つは「将来への準備」としての意義です。とりあえずは英語が必要なくても、あるいは、当面は英語が必要とされない職務に従事するとしても、いつどのタイミングで英語が必要になるかはわかりません。また、高い英語力が欲しいという欲求が突然に湧いてくる可能性もありえます。いざ本格的に始めたいと思った時に、ほぼゼロの状態からあわてて土台を作るのには大きな困難が伴います。

ところが前もって「文法・訳読」「英作文」を中心とした学習で揺るぎない基礎力を作っておけば、飛躍のための準備が整っているので、スムーズに本格的な学習に入っていくことができます。

このように、「文法・訳読」「英作文」といった古典的な学習法は、中級者、上級者への仲間入りを目指している人のみならず、当面は英語力が不要な人にとっても大きな意味のある学習法なのです。

読解力はこの書籍で身につけよう

読解に関しては、第三章で述べた通り、ぜひ拙ホームページを利用してください。ここでは次の教本を読み込んでいきます。

『英文解釈教室（新装版）』伊藤和夫（研究社）

難解だと評される本ですが、「ほぼどんな文でも読んで理解できる」ということを目標にするのであれば、この本に収録されている程度の文は確実に読める必要があります。なぜなら、そもそも英語という言語自体が、日本語話者にはすさまじく難しいものだからです。難解な言語を読みこなすためには、その難しさから逃げることなく、真正面から受け入れている本格的な教本を用いて学習を進める必要があるのです。

なお、「ビジネス英語講座」といったものをお求めの方に、次の書籍を用いるコースの用意もあります。

『本気で鍛える英語　ビジネスマンに必須の英語表現と語彙を一気に習得する』

臼井俊雄（ベレ出版）

こちらは短文が中心であり、非常に取り組みやすいものです。またCD二枚が付いているのでリスニング対策も可能です。ビジネス英語の学習に関して、何から手を付ければいいのか思いあぐねている方も多いと思います。数千円台の経費で、好きな時間に好きな場所で、そして好きなペースで学べますので、迷うことなくこの講座から始めてみてください。

この書籍は絶好の「ビジネス英語入門」として機能しますが（もちろんTOEIC対策にも有効です）、他にもう一つ、この書籍を強くお薦めする理由があります。それは、この本の第三部「語源の知識で一般語彙力を一気に増強する」が秀逸だからです。本書の第四章で、覚えにくい単語は語源を調べるよう述べましたが、代表的な「接頭辞」「語根」のリストがあれば、語源学習、単語学習が随分と楽になります（「接頭辞」「語根」とは、まとめておおざっぱに言えば、単語を構成するパーツのことです。日本語で言えば「お酒」の「お」のようなものです。「お」があることによって、「酒」よりも丁寧な表現になります）。

その「接頭辞」「語根」のリストを頻繁に参照することにより、例えばin-やim-という接頭辞が「中に」という意味を持ち、portという語根が「運ぶ」「港」という意味を持つと知っていれば、importという語が「輸入」「輸入する」という意味になるということが、語源辞典を見なくてもすぐに納得できます。このリストも存分に活用してください。

さて、先ほど「そもそも英語という言語自体が、日本語話者にはすさまじく難しいものだからです」と述べましたが、英語の難しさについては、次の引用をご参照ください。再び上智大学名誉教授の渡部昇一氏の言葉です。英語の猛者《もさ》が集うあの上智でこの状況です。日本語話者にとっての、英語という言語の激烈なまでの難しさ、そしてだからこそ、厳格で重厚な、正統派の学習法で取り組むことの大切さを再認識させられます（谷沢永一・渡部昇一『大人の読書　一生に一度は読みたいとっておきの本』ＰＨＰ研究所より）。

……私が教鞭をとった大学は、一応外国語ができる人が比較的多くいて、大学院にはさらにできる人

が来ていましたが、それでも、四十五年間教えて、英語を本当に正確に読めるようになった人は何人いたかという感覚だったからです。

外国語は、それは本当に恐ろしく読めないものだと思ったほうがいいでしょう。大学の助手だったときに、大学の紀要のような雑誌の編集の手伝いをしましたが、英文科の大先生が訳した引用文などをチェックすると間違いだらけ。大先生たちでも、こんなに間違うのかと思ったものです。

私自身は英文法が専門ですから、比較的間違わないほうだと思いますが、それでも間違う恐れがある。

この渡部昇一名誉教授は世界史上、最も厚い英文法の歴史の本を書いた方であり、英文法の歴史の世界的な権威です。そのような方が、謙遜している部分はあるにせよ、「自分だって間違う可能性がある」と述べているのです。「本当に恐ろしく読めない」という言葉がいっそう真実味を増します。

さて、『英文解釈教室（改訂版）』を仕上げると、個人差も当然ありますが、七七ページの**段階4**に至ります。すると、次の三冊も独力で読み切ることができます。

『英文読解問題精選』早川勝己（学研プラス）

『英文読解の透視図』篠田重晃、玉置全人、中尾悟 共著（研究社）
『実は知らない英文誤読の真相88』佐藤ヒロシ（プレイス）

いずれも超一流の指導者諸氏によって、丁寧に作り込まれた作品です。ぜひすべてを仕上げてください。

ここまでを終えたあとは、自分が特に興味のあるもの、特に強化しなくてはならない分野のものに取り組んでください。たとえば、TOEICの読解問題の得点を上げたい場合はTOEICの読解問題集に取り組み、英検1級を受けたい方は「英検1級問題集」に取り組み、英文契約書を読みこなせるようになりたい場合は「英文契約書の読み方」といったものをこなしてください。

ただ、特に社会人、大学生の方は、TOEICの受験対策、ビジネス英語の学習を優先させなければならないという方も多いと思います。その場合は、まずは先に挙げた『本気で鍛える英語　ビジネスマンに必須の英語表現と語彙を一気に習得する』だけは終わらせてください。拙ホームページの解説を利用しながらこの書籍を攻略すれば、既存のビジネス英語、TOEIC英語関連の書籍や講座をいっそう有効に利用できるようになり、それらのありがたみがしみじみとわかるようになります。そして英語学習が、より主体的で張りのあるものとなり、学習することがますます楽しくなります。そのうえで、ビジネス英語の学習、TOEIC対策を進めながら、少しずつでも『英文解釈教室（改訂版）』や、先ほどの三冊にも挑んでみてください。

最後に一冊、特別な本を紹介します。

『新訂　英文解釈考』佐々木高政（金子書房）

この作品は「英文読解参考書の頂点」です。日本の英語学者が著しえた究極の英語教本だといえます。ハードカバーの大部であり、荘重な外見が、中身の崇高さをそのまま物語っています。このような本があれば部屋の雰囲気も変わります。ぜひ皆さんの書棚に立てかけてください。

第一章で井筒俊彦の主著『意識と本質』を紹介し、生涯かけて攻略に挑む価値のあるものだということを述べましたが、英語の教本に関しては、この作品がまさに、一生かけて攻略するべき本なのです。

なお第一章で、「英語を理解する」というレベルの上に「英語を味わう」というレベルがあるということを述べました（二六ページ）が、右の書は、この「味わう」という高みに至る道標《みちしるべ》となるものです。先ほど示した三冊を終えた後に挑むことも可能ですが、文構造の解説が少ないので、学校の先生や塾の講師など、解説をしてくれる方が近くにいる状況で取り組むのが理想的です。あるいはインターネットの質問サイトなどを活用しながら、少しずつでも進めてみてください。そして数々の深みのある英文と、本物の英文学者だけが生み出せる、格調高くウィットに富んだ和訳と解説を味わい、例文を何度も音読・筆写してください。

自分の文体を求めて

最後にもう一つ、別の観点、論拠から「文法・訳読」を中心とした学習法を強くお勧めしてお別れといたします。

まずは次の引用をお読みください。数々の優れた記録小説を遺《のこ》した吉村昭《あきら》（一九二七〜二〇〇六年）のエッセイの一節です。『零式戦闘機』（新潮文庫）執筆のために、零戦の設計主任を務めた堀越二郎（一九〇三〜八二年）に取材をした際のことを回想しています。かなり長い引用ですが、文章に賭ける作家の執念の凄まじさが感じられる逸話です（「プロペラと箒星」〔『史実を追う旅』文春文庫〕より）。

氏は、私の書く技術的な説明に克明な指摘をして下さり、私はそれをメモして小説の中に活かした。

プロペラについての個所であったが、氏は、私の書いたその部分の説明が、八〇パーセントの正確さしかないと言い、腰をあげると書斎に入って行き、自分で書かれた技術論文を持ってきて、

「この部分は、私の論文をそのまま引き写して書いて下さい」

と、かなりきつい口調で言った。

「御趣旨はよくわかりますが、それはできません。論文をそのまま引き写すより、私は正確度八〇パーセントで十分です」

私は、理由を説明した。

たしかに氏の論文は正確度一〇〇パーセントで、そのまま使わせてもらえば、私の小説の零式戦闘機のプロペラの技術的説明は完璧なものになる。

しかし、小説家である私には、文章が最も大切であり、たとえ氏の論文が技術的に正しい内容であろうと、その文章は氏自身のものであり、それを挿入することは、私が小説家であるすべてを放棄することになる。

「老練な編集者は、多少誇張があるかも知れませんが小説家の書く文章の一行を読んだだけでも、だれのものかわかるのです。私は、学生時代から小説を書いてきていますが、それは文章との闘いといい

うことにつきます。堀越さんの論文をそのまま引き写せば、私が今まで小説を書いてきた意味はなくなります。正確度八〇パーセントでもいい、と言ったのは、このような理由からです」

その折の氏の呆気にとられた顔は、今でも忘れられない。

技術者である氏にとって、文章とは第三者に対する単なる伝達手段であったはずである。が、文筆家の文章にはその人その人の個性があり、それは、書く者の過去、現在のすべてがぎりぎりの形で反映したものであるという私の話に、氏は驚き、呆れたのである。

氏にとって、航空技術の研究は至上のものであり、生命そのものであったにちがいない。しかし、眼の前に文章こそ……という私のような人間が現われたことに呆然としたのである。

「そういうものですかね。編集者は一行読んだだけでもだれの文章だかわかる……。そうですか、そういうものですか」

氏は、何度もうなずいていた。

このエピソードから、作家にとって文体（文のスタイル。歌手でいえば歌い方、画家や漫画家でいえば画風）というものが、いかに大切なものかがわかります。多くの作家が、命を削りながら文体を練り上げ、作り上げていくのでしょう。たとえば安岡章太郎は『安岡章太郎対談集1　作家と文体』（読売新聞社）の中の、小説家・阿部昭《あきら》（一九三四〜八九年）との対談で次のように語っています。

安岡　そうね。ぼくはいま山川方夫の文庫本の解説を頼まれていましてね、（中略）だけど、阿部君がいま言ったように、フォルムというもの、これは山川は文体と言っているけれども、文体はいろいろ変えられるということを言ってるんだな。高見順との座談会で言っている。すると、高見さんは非常に怒って Le style, c'est l'homme même. って言うわけだ。

阿部　文は人なり……。

安岡　そう。つまり、そんなものがたやすく変えられるかって激怒する場面がある。

この座談会が開かれた当時の高見順（小説家、詩人。一九〇七〜六五年）は五〇代です。彼もやはり、自身の文体を生み出すのに、生涯の多くの部分を費やしてきたのでしょう。だからこそ、これを自在に変化させることができると発言した若き山川方夫《まさお》（小説家。一九三〇〜六五年）に対して、単に立腹したのではなく、激怒すらしたのです。

また、ノンフィクション作家の沢木耕太郎氏（一九四七年〜）は『旅する力　深夜特急ノート』（新潮社）において、紀行文学の金字塔『深夜特急』を生み出すまでの紆余《うよ》曲折《きょくせつ》を語っていますが、その中に次のような記述があります。

シャープな短編を連ねていき、それが緩やかにつながると、ひとつの首飾りのような長編になっている。私が最初に夢見た紀行文とはそういうものだった。だが、それが書ける文体を私はまだ持っていなかった。

長期にわたる長距離旅行から帰還し、語るべきことはふんだんにありながらも、それを紡《つむ》ぐべき文体がない……。これが、旅を作品に昇華させてゆく際の障害の一つだったのです。

文芸の世界は「内容さえ面白ければそれでよい」というようなものではないということがよくわかります。

では、「文体」とは作家だけのものでしょうか。文筆家でないのなら、言いたいことが伝わりさえすれば十分だと言い切ってしまっていいのでしょうか。

決してそのようなことはないはずです。

われわれはほとんど誰しも、日常の中に「文を綴る」という行為を抱えています。多くの社会人の方は、会議の資料を作成したり、社の内外の人に送信するメールを書くなどの機会が頻繁にあるでしょうし、報告書や論文を執筆するという立場にいる方も少なくありません。各種の試験を受ける人の多くも「小論文」という関門をくぐる必要があります。また、ブログやフェイスブックに身辺雑記、レポート、紀行文などを書くことや、インターネット上の各種のコメント欄に投稿すること、あるいはネットオークションの出品物に対する説明文を書くことが生活の一部である、という人も多いはずです。そういった種類の文であってもやはり、わかりやすく心地よい、そして書き手の美質が反映されているような文であれば、それは読む人と書く人、どちらにとっても幸せなことです。

この点、次の文が大いに参考になります。宰相・吉田茂の長男にして評論家、英文学者、小説家だった吉田健一（一九一二～七七年）による、小泉信三への追悼文です（「小泉さんのこと——小泉信三追悼」〔『三田文学名作選』慶應義塾大学出版会〕より）。

> お書きになったものを最初に読んだのは、戦後に欧米を旅行なさった時の紀行だったやうに覚へてゐる。言はば、普通の紀行文であって、別に記憶に残る程のことが書いてあった訳ではないのに、つい終りまで読んでしまって、読んでゐる間の時間が楽しかったのはそれが名文だった証拠である。（中略）学者であっても言葉を使ふ必要がある以上、それが生きた言葉、つまり、名文でなければならないことも知ってゐる小泉さんは少数の学者の一人だった。

右の「学者であっても言葉を使ふ必要がある以上」の「学者」のところは、他のすべての職種、立場を表す言葉に置き換えてもいいはずです。ビジネスパーソンでも、自営業者でも、ブログの書き手でも、また学生であっても、言葉を使う必要がある以上、生み出される文が名文であるのが理想ですし、少なくとも端正な文であることが望ましいはずです。

小泉信三は、今上天皇の師傅《しふ》であり、昭和期に「日本の師表」「日本の良心」と仰がれた、大経済学者にして大教育者でした（第一章で見た通り、西脇順三郎の指導教官でもありました）。そしてその見事な文は、「現代日本語の典型」とまで言われました。小泉の名文に触れてみたいという方は、何よりも、戦死された長男に対する鎮魂の書である『海軍主計大尉小泉信吉』（文春文庫）をご一読いただければと思います。

さて、この小泉信三は「読書を勧む　―学生のために―」という小文の中で、次のように述べています（『小泉信三全集　第十三巻』文藝春秋より）。

明治の文壇で最後までその製作力の衰えを見せなかったのは矢張り鷗外漱石の両大家であったろう。この二大家はなぜ衰えなかったか。勿論両氏が非凡の天賦《てんぷ》に恵まれたことは言うまでもない。それとともにこの両氏が共に異常な読書家であったということを挙げて好かろうと思う。ただ読書するだけで大作家になれるものでないことは言うまでもないが、その天賦の才能が読書によって更に育成せられ、読書によって精神的視野が拡大せられてその早老を防ぎ得たことは、蓋《けだ》し一方ならぬもの

であったろう。これは独り文芸作家のみならず、いずれの道に志す人にとっても変りはない。

稀代《きだい》の名文家・小泉信三にとってもやはり、森鷗外と夏目漱石は別格だったようです。また「大量の文を読む」ということが、文豪の名文を作り上げるために不可欠のものだったということがわかります。

そして、「これは独り文芸作家のみならず、いずれの道に志す人にとっても変りはない」という言葉からわかる通り、作家のみならず、他の職業、立場にいる人であっても、自分なりの確固たる文章、文体（さらには学問あるいは思想）を作り上げるにはやはり、大量の読書を経なくてはならないはずです。

では、鷗外、漱石が文豪となるに至るまでに経た読書はどのようなものだったのでしょうか。これを突き止めれば、私たちが文章修業をする際にも、何らかのヒントになるはずです。

さて、漱石の「漢文好き」については一六四ページの引用にある通りですが、鷗外もまた同じでした。幼年期に漢文の素読を始め、大量の漢語を我が物としました。後年、若い頃を回想して「『唐詩選』の中の多くの詩は諳《そら》んじていた」と述べています（千葉俊二編『鷗外随筆集』岩波文庫）。つまり、大量の漢詩を丸暗記していたのです。

また、鷗外の文章について、中国文学者で随筆家の奥野信太郎（一八九九〜一九六八年）は、次のような考察をしています（『紅豆集』桃源社より。一行目の「布置」は「配置」とほぼ同じです。「結構」はここでは「組み立て、構成」という意味です）。

しかしその淡々たる文章の布置結構をみるに、わたくしはほとんど天衣無縫ともいいつべき中国文法（文法とは篇法章法等を意味するのであって、いわゆるグラマアのことではない。）の醇乎《じゅんこ》とした深い影響をみることができる。

カッコ内の「篇法」と「章法」はほとんど辞書に記載されていない語ですが、まとめて「文章の構成法」という意味でとらえてください。

そして奥野は続けて、「ことにかれが好んで愛読したと思われる春秋左氏伝のリズムが、ほのかににおってくるように感じられるのは、ひとりわたくしばかりであろうか」と述べています。

ただ、東洋の文学、文章だけに親しんだわけではない、というのがこの二人の特徴です。漱石は東大英文科出身の英語教師であり、当然のように多くの英書を読み込んでいます。鷗外もまた、英語のみならず、オランダ語、ドイツ語、フランス語、スペイン語、ロシア語、ラテン語なども学び、ヨーロッパ言語の著作物を数多く翻訳しています。鷗外はそもそも東大医学部を卒業後、陸軍軍医となりドイツに四年間留学、帰国後も軍医として活躍していま す。

また、井筒俊彦が鷗外について記した次の文からも、鷗外が「〝東洋〟の土台の上に、〝西洋〟を積み重ねる」という発想を持っていたということがわかります。「武者修業」と題されたエッセイの一節です（井筒俊彦著、若松英輔編『読むと書く――井筒俊彦エッセイ集』慶應義塾大学出版会より）。

既に明治四十四年、森鷗外は、これからの日本の学問には「二本足の学者」が必要だ、と主張した。二本足、すなわち東洋人として、東洋的伝統の上に立ちながら、しかも西洋的学問の武者修業を了えた学者ということだ。

これは「学問」の話ですが、文章、文体についても同じであるに違いありません。

このように、東洋の言語、和漢の言葉を基盤としたのは当然のことながら、最終的に森林太郎を森鷗外に変え、夏目金之助を夏目漱石たらしめたのは、西洋言語との格闘だったのだといえそうです。

英語学習は、それが「文法・訳読」に基づいた厳格かつ重厚なものであれば、反対派が危ぶむような弊害は出にくく、逆に、学ぶことそれ自体を楽しむという姿勢が生まれ、また、単に高度な英語力がつくだけでなく、半ば西洋化した現代の日本を生きるのに適した文体を作り上げることにも寄与しうるのだといえます。鷗外や漱石が独自の文のスタイルを作り上げていったプロセスを、多少なりとも追体験することができるのです。「文は人なり」ですから、英語学習が人間を作ってくれるといっても過言ではありません。もちろんその効力において、やはり漢文学習には及ばないでしょうけど、それでも英語学習が決して無駄や害悪になることはないのです。

この点、次の引用がそのことを裏付けてくれそうです。逸身喜一郎・東京大学名誉教授が、月刊誌「言語」（大修館書店）の二〇〇二年四月号に寄せた「規範としてのラテン語文法」という小論の一節です。

ことばの過ちは人格の過ちであるとする見方は中産階級に根強い。歴史的に見て中等教育の使命は、込み入った内容の文章を誤解なく読みとり、かつ自分でも込み入った内容を的確に表現するすべをもたせることである。伝統的にヨーロッパの中等教育は作文教育であり、人格の陶冶《とうや》は作文教育であると考えられていた。その際の作文とは内容もさることながら、文法と文体の修練を意味するのである。

この引用からも改めて、「通じさえすればいい」「軽く話せればいい」というような発想は避け、「文法・訳読」そして「英作文」を重んじるという姿勢こそが、結局は自分に資するのだという結論に至ります。

そしてできればその「訳読」の対象として、いずれは、たとえ部分的にではあっても、高雅で滋味《じみ》のある文芸作品を取り入れてください（そのためにこそ、前項で『新訂　英文解釈考』を紹介しました。この教本は、文学作品を読みこなすための本格的な入門書でもあるのです）。格調の高い英文に慣れ親しむことにより、自身の英語力に厚みと深みが増すことになります。

最後の最後に再び、詩聖・西脇順三郎に戻りましょう。鷗外、漱石と同様に西脇もまた、その見事な日本語文を西洋言語との格闘の中で獲得しました。繰り返し言及している『英語達人列伝』より、以下の文を紹介したいと思います。

彼は一七で詩作をはじめてから二〇年ほどの間、もっぱら英語による詩を発表し、英国でモダニズムの洗礼を受けて帰国したのちは、慶応義塾大学文学部教授として学生に語学の重要性を説く一方、今度は英語による小説執筆を志し、膨大な英語小説のなかから例文を拾い続けた。ノーベル賞候補にも

なった大詩人・西脇順三郎の日本語の美しさは、そうした英語修業から生まれたものであった。

（文中、原則としてご存命の方のみに敬称を付し、物故者は歴史上の人物ととらえ、敬称略とさせていただきました。御遺族、関係者の皆様のご海容を願います）

おすすめ参考書リスト

第一章　なぜ高い文法力が必要なのか

『英語達人列伝　あっぱれ、日本人の英語』斎藤兆史（中公新書）
『意識と本質』井筒俊彦（岩波文庫）
『ことばと文化』鈴木孝夫（岩波新書）

第二章　英文法の学び方

『一生モノの英文法』澤井康佑（講談社現代新書）
『一生モノの英文法　COMPLETE　MP3　CD-ROM付き』澤井康佑（ベレ出版）
『基礎がため　一生モノの英文法　BASIC　MP3　CD-ROM付き』澤井康佑（ベレ出版）
『表現のための実践ロイヤル英文法』綿貫陽、マーク・ピーターセン共著（旺文社）

第四章　語彙力をつけるには

『まるおぼえ英単語2600（カラー改訂版）』小倉弘（KADOKAWA）
『東大の英単語』鬼塚幹彦（教学社）
『英語語義語源辞典』小島義郎、岸曉、増田秀夫、高野嘉明〔編〕（三省堂）
『英語語義イメージ辞典』政村秀實（大修館書店）
『英熟語ターゲット1000』花本金吾（旺文社）
『動詞を使いこなすための英和活用辞典』
ジャン・マケーレブ＋マケーレブ恒子（朝日出版社）

第五章　英語を書く、英語を話す

『英作文講義の実況中継』大矢復（語学春秋社）
『英文表現力を豊かにする　例解　和文英訳教本《文法矯正編》』小倉弘（プレイス）

第七章　辞書活用術

『旺文社英和中辞典』（旺文社）
『新英和中辞典』（研究社）

『プログレッシブ英和中辞典』（小学館）
『プログレッシブ中学英和辞典』（小学館）
『新英英大辞典』（開拓社）
『英語達人塾』斎藤兆史（中公新書）

第九章　英語に呑まれないために

『英文解釈教室（新装版）』伊藤和夫（研究社）
『本気で鍛える英語　ビジネスマンに必須の英語表現と語彙を一気に習得する』
臼井俊雄（ベレ出版）
『英文読解問題精選』早川勝己（学研プラス）
『英文読解の透視図』篠田重晃、玉置全人、中尾悟　共著（研究社）
『実は知らない英文誤読の真相88』佐藤ヒロシ（プレイス）
『新訂　英文解釈考』佐々木高政（金子書房）

〔編集〕
田中　浩史（株式会社　講談社）

〔協力〕五十音順、敬称略
岡　幹明（眞言律宗観音寺事務局）
関谷　光二
朴　秀賢（神戸大学大学院医学研究科精神医学分野　講師）
山田　俊介
山本　安彦（株式会社　開拓社　元・取締役出版部長）

澤井康佑

1972年横浜市生まれ。慶應義塾大学文学部卒業。著書に『よくわかる 英語の基本』（開拓社）、『一生モノの英文法』（講談社現代新書）、『一生モノの英文法 COMPLETE MP3 CD-ROM付き』、『基礎がため 一生モノの英文法 BASIC MP3 CD-ROM付き』（共にベレ出版）がある。

講談社＋α《プラスアルファ》新書 **760-1 C**

一生《いっしょう》モノの英語力《えいごりょく》を身《み》につけるたったひとつの学習法《がくしゅうほう》

澤井康佑《さわいこうすけ》

2017年3月16日第1刷発行

発行者——— **鈴木 哲**

発行所——— **株式会社 講談社**

東京都文京区音羽2-12-21 〒112-8001

電話 編集(03)5395-3522

販売(03)5395-4415

業務(03)5395-3615

デザイン **鈴木成一デザイン室**

カバー印刷——— **共同印刷株式会社**

印刷——— **慶昌堂印刷株式会社**

製本——— **牧製本印刷株式会社**

定価はカバーに表示してあります。

落丁本・乱丁本は購入書店名を明記のうえ、小社業務あてにお送りください。

送料は小社負担にてお取り替えします。

なお、この本の内容についてのお問い合わせは第一事業局企画部「＋α新書」あてにお願いいたします。

Printed in Japan

ISBN978-4-06-272981-9

講談社+α新書

書名	著者	内容	価格	番号
運が99%戦略は1% インド人の超発想法	山田真美	世界的CEOを輩出する名門大で教える著者が迫る、国民性から印僑までインドパワーの秘密	860円	729-1 C
全国13万人 年商1000億円 ポーラレディ 頂点のマネジメント力	本庄清	絶好調のポーラを支える女性パワー！ その源泉となる「人を前向きに動かす」秘密を明かす	780円	730-1 C
人生の金メダリスト になる「準備力」 成功するルーティーンには2つのタイプがある	清水宏保	プレッシャーと緊張を伴走者にして潜在能力を100%発揮！ 2種類のルーティーンを解説	840円	731-1 C
「ハラ・ハラ社員」が会社を潰す	野崎大輔	ミスを叱ったらパワハラ、飲み会に誘ったらアルハラ。会社をどんどん窮屈にする社員の実態	840円	732-1 A
偽りの保守・安倍晋三の正体	岸井成格 佐高信	保守本流の政治記者と市民派論客が、「本物の保守」の姿を語り、安倍政治の虚妄と弱さを衝く	800円	733-1 C
大メディアの報道では絶対にわからない どアホノミクスの正体	佐高信 浜矩子	稀代の辛口論客ふたりが初タッグを結成！ 激しくも知的なアベノミクス批判を展開する	840円	733-2 C
一回3秒 これだけ体操 腰痛は「動かして」治しなさい	松平浩	『NHKスペシャル』で大反響！ 介護職員をコルセットから解放した腰痛治療の新常識！	780円	734-1 B
遺品は語る 遺品整理業者が教える「独居老人600万人」「無縁死3万人」時代に必ずやっておくべきこと	赤澤健一	多死社会はここまで来ていた！ 誰もが一人で死ぬ時代に、「いま為すべきこと」をプロが教示	800円	735-1 C
ドナルド・トランプ、大いに語る	セス・ミルスタイン 編 講談社 編訳	アメリカを再び偉大に！ 怪物か、傑物か、全米が熱狂・失笑・激怒したトランプの〝迷〟言集	840円	736-1 C
ルポ ニッポン絶望工場	出井康博	外国人の奴隷労働が支える便利な生活。知られざる崩壊寸前の現場、犯罪集団化の実態に迫る	840円	737-1 C
18歳の君へ贈る言葉	柳沢幸雄	名門・開成学園の校長先生が生徒たちに話していること。才能を伸ばす36の知恵。親子で必読！	800円	738-1 C

表示価格はすべて本体価格（税別）です。本体価格は変更することがあります